Ute Ligges · Kerstin von Broich

Kürbiszeit

Die besten Rezepte und Deko-Ideen vom Kürbishof Ligges

Gerichte, die sich mit geringem Aufwand auch für Veganer abändern lassen, sind mit diesem Symbol gekennzeichnet.

INHALT

4 Der Kürbis – Meine Leidenschaft
Wie und warum ich zum Kürbis kam.

14 Das Kürbisjahr beginnt
Von der Aussaat bis zur Ernte.

28 Die besten Speisekürbisse
Eine Übersicht über meine besten Sortenempfehlungen.

46 Die leckersten Kürbisrezepte
Die Sammlung der besten Gerichte von den Ligges-Kochevents.

- 50 **Tradition neu interpretiert:** Hanna Ligges und Inge Hildebrand
- 64 **Unkonventionell, vielseitig und lecker:** Karl-Heinz Dinkhoff vom Katharinenhof
- 76 **Leckeres vom Land:** 4Ma(h)l – Die Landfrauen
- 84 **Kürbis im amerikanischen Stil:** Team von Connie's Diner
- 94 **Kürbisgerichte aus aller Welt:** Ulli Neumann vom Landgasthaus Schulze Beckinghausen
- 102 **Kürbis mit Raffinesse gewürzt:** Katja Vogt vom „Refugio"
- 112 **Kürbis für die Fitness-Küche:** Das Team vom Sportcentrum Kamen-Kaiserau
- 120 **Kürbisgerichte aus dem Thermomix:** Team Thermomix
- 126 **Eventcooking international inspiriert:** Jörg Blankenstein von Eventcatering

140 Die schönsten Deko-Ideen mit dem Kürbis
Vom Gesichterschnitzen bis zum Dekorieren mit Blumen.

DER KÜRBIS
MEINE LEIDENSCHAFT

Als ich vor rund 15 Jahren zum ersten Mal einen wunderschön gewachsenen Kürbis auf die Mauer unserer Hofeinfahrt legte, ahnte ich nicht, dass dies der Startschuss für ein Leben mit dem Kürbis sein würde.

Nicht nur mich, auch meine ganze Familie hat der Kürbis in seinen Bann gezogen. Wenn das bunte Vielerlei unsere Hofeinfahrt ziert, erahnen auch Außenstehende warum.

Eigentlich sollte der Kürbis in dieser herbstlichen Zeit nur die Einfahrt zu unserem westfälischen Hof zieren. Als gelernte Floristmeisterin liegt mir das Gestalten mit Floralem aus der Natur einfach im Blut. Keiner von uns ahnte, dass Passanten annehmen könnten, hier gäbe es Kürbisse zu kaufen. Insofern überraschte uns diese Nachfrage, brachte uns aber gleichzeitig auf die Idee, dieses tatsächlich in Erwägung zu ziehen. So bauten wir bereits im darauffolgenden Jahr 13 verschiedene Kürbissorten an: Halloween-Kürbisse zum Schnitzen, leckere Sorten zum Verzehr und kleine, bunte zum Dekorieren. Und tatsächlich, die Nachfrage war groß. Das machte uns Mut, im nächsten Jahr noch mehr Kürbissorten ins Programm aufzunehmen. Und heute sind es bis zu 200 verschiedene Sorten geworden.

Schon sehr bald kamen zu dem Außer-Haus-Verkauf unserer landwirtschaftlichen Produkte auch floristische Werkstücke hinzu: Bepflanzte Schalen, dekorative Gestecke und ausgefallene Accessoires. Mit unserer eigenen Begeisterung für den Kürbis und seinen Dekorations- und Genussmöglichkeiten wuchs der Kreis unserer Hofkunden. So manchem Besucher gaben wir Rezepttipps zur Verwendung des Kürbisses in der Küche mit auf den Weg. Gleichzeitig erhielten wir von unseren Kunden neue Rezepte. Dabei machten wir die Entdeckung, dass so mancher Kürbis, den wir zur Verwendung als Dekorationskürbis angebaut hatten, unerwarteterweise auch geschmacklich seine Reize hat. Kürbis war somit in aller Munde. Und so kam auf unseren Äckern neben dem Getreide-, Raps-, Zuckerrüben- und Kartoffelanbau auch der Speisekürbis hinzu. Unser Hof, mit seinem immer umfangreicher werdenden Verkauf auf der Deele, dazu den Koch- und Schnitzevents, den naturkundlichen Vorträgen sowie den Kreativangeboten für Jung und Alt, wurde zum gefragten Anziehungspunkt und ein weit über das Regionale hinaus bekanntes Besuchsziel in der Herbstzeit.

Mein persönlicher Steckbrief vom Kürbis

Sein botanischer Name lautet *Cucurbita*. Diese Gattung gehört zur Familie der *Cucurbitaceae*, den Kürbisgewächsen. Der Kürbis ist eine einjährige, krautige und relativ schnell wachsende Pflanze mit langen, meist niederliegenden

Stängeln und großen Blättern, die teilweise mit kleinen Stacheln besetzt sind. Die trompetenförmige Kürbisblüte ist 6 bis 10 Zentimeter lang und erstrahlt in einem leuchtenden Gelb. Auch sie ist essbar und beispielsweise mit einer Creme, Geflügelsalat oder ähnlich Pikantem gefüllt eine Delikatesse. Die sich schnell aus der Blüte entwickelnde Frucht ist rund, oval, länglich, flach oder flachrund und hat meist eine dicke, farbige Schale. Das Fruchtfleisch ist weich, saftig, manchmal faserig und birgt in der Mitte zahlreiche Kerne. Kürbisse sind gut lagerfähig, einige halten sogar bis weit ins nächste Jahr hinein, sofern sie bei guter Durchlüftung, einer Temperatur von 10 bis 12 °C dunkel gelagert werden. Optimal ist es, die Früchte nach der Ernte zunächst 20 Tage bei 20 bis 25 °C, also bei Zimmertemperatur, oder in der Sonne liegend aufzubewahren und nachreifen zu lassen, bevor man sie einlagert bzw. in der Küche einsetzt. Das verbessert ihr Aroma. Ideal also, um sie zuerst als zierende Objekte in der Wohnung zu genießen und anschließend zu verspeisen. Auch bei der Winterlagerung kann sich die Frucht farblich verändern und geschmacklich durch die Nachreifung optimieren.

Übrigens, Kürbisse können regelrecht zu Giganten werden. In Amerika, und auch mittlerweile in Deutschland, gibt es Wettbewerbe, wer die dicksten und schwersten Beeren kultiviert. Der größte je gemessene Kürbis soll einen Durchmesser von 2,4 Metern haben, der schwerste ein Gewicht von 1054 Kilogramm. Allein 1400 Liter Suppe könnte man aus diesem Koloss kochen. Zunehmender Beliebtheit erfreuen sich auch die Kürbisbootregatten, bei denen die Spaßsportler in ausgehöhlten Kürbissen über einen See oder Fluss paddeln.

Das zeigt: Der Kürbis ist die größte Beere der Welt und ein Phänomen dazu!

So manche Riesenbeere erweist sich als veritables Schwergewicht. Doch wenn sich auf dem Hof die großen Lagerkisten mit den vielgestaltigen Kürbissen füllen, wissen wir, wofür die schwere Feldarbeit gut war.

Der Kürbis, ein uralter Geselle

Der Kürbis gilt als eine der ältesten Nutz- und Kulturpflanzen der Menschheit. Funde belegen, dass er als domestizierte und der Ernährung dienende Pflanze bereits 10 000 Jahre vor Christus bekannt war. Nord- und Mittelamerika gelten als seine Heimat. Man nimmt an, dass zuerst nur die öl- und eiweißhaltigen Samen genutzt wurden. Das Fruchtfleisch enthielt ursprünglich sehr viel mehr Bitterstoffe als die heutigen Kultursorten und war damit eher ungenießbar. Erst die Auslese und Züchtung nicht bitterer Formen machten den Kürbis zunehmend mehr als Gemüse nutzbar. Durch die Seefahrer, vor allem durch Kolumbus, der die Begegnung mit dieser ihm bislang unbekannten Frucht am 3. Dezember 1492 in seinem Tagebuch vermerkte, gelangten die gut haltbaren Samen auch auf die anderen Kontinente. In Afrika, Asien und später auch in Europa kannte man allerdings eher die Gattung *Lagenaria siceraria*, ein der Zucchini ähnlicher Flaschenkürbis. Ausgereift und getrocknet dient dieser vor allem mit seiner verholzenden Schale auch noch heute als Nutzgefäß. Der deutsche Name Kürbis leitet sich vom lateinischen Wort „corbis" ab, was Korb oder Gefäß bedeutet und somit auf diese frühe Verwendung vom Kürbis als Gefäß verweist.

In Deutschland war bis vor wenigen Jahrzehnten nahezu als einzige Sorte 'Der Gelbe Zentner' bekannt. Aufgrund seines schnellen Wachstums als typische Kompostpflanze prägte dieser Kürbis trotz seines eher faden Geschmacks die Ernährung einer ganzen Kriegs- und Nachkriegsgeneration. Das Standardgericht „süß-sauer eingelegt" ließ nicht ansatzweise erahnen, was andere Sorten und Arten des Kürbisses kulinarisch noch zu bieten haben. Erst die Reisefreudigkeit und neu erwachte Offenheit für die kulinarischen Gegebenheiten anderer Länder brachte uns in den letzten zwanzig Jahren wieder mit Kürbisgerichten in Berührung, so aus Italien, Spanien, Japan, aus Osteuropa und aus verschiedenen afrikanischen Ländern. Vor allem die in Japan gezüchtete Sorte 'Hokkaido' mit ihrer orangeroten Schale und dem hervorragenden Geschmack gilt als Wegbereiter für die Kürbisvielfalt, wie wir sie heute im 21. Jahrhundert wieder kennen und in der modernen Küche schätzen.

Die leckeren Vertreter der Riesenbeere

Als Speisekürbis gelten die Arten: *Cucurbita pepo*, der Gartenkürbis, *Cucurbita maxima*, der Riesenkürbis, *Cucurbita moschata*, der Moschus- oder Muskatkürbis, *Cucurbita ficifolia*, der Feigenblattkürbis, sowie *Cucurbita argyrosperma*, der Ayote. Vor allem die drei Erstgenannten haben sich bewährt. Desweiteren unterscheidet man Sommer- und Winterkürbisse. Sommerkürbisse sind die noch unreifen Beeren, die im Sommer geerntet noch zart und weich, oft samt ihrer Schale, in der Küche verwendet werden. Zu den Winterkürbissen zählen die lange lagerfähigen Sorten vor allem aus dem Bereich der Gartenkürbisse.

Der Kürbis, ein kulinarischer Tausendsassa

Vor allem in der vegetarischen sowie neuerdings in der veganen Küche wird der Kürbis geschätzt, da bereits mit wenigen Zutaten oder Gewürzen schmackhafte und nahrhafte Gerichte entstehen.

Der „Kaiser des Gartens", wie der Kürbis auch aufgrund seiner Größe genannt wird, verdient die Bezeichnung zudem aus ernährungsphysiologischer Sicht. Das Kürbisfleisch ist mit 25 Kilokalorien pro 100 Gramm kalorienarm, gleichzeitig reich an Ballaststoffen. Orangefleischige Sorten haben einen 12-mal höheren Vitamin A-Gehalt als die Karotte. Vitamin A gilt als hochwirksames Antioxidant, das die Bildung freier Radikale hemmt und so der Zellalterung entgegenwirkt. Auch soll es bei der Prävention in der Krebstherapie sowie bei Herz- und Gefäßkrankheiten positive Wirkung zeigen. Außerdem enthalten Kürbisse große Mengen an Vitamin B1, B2, B5, B6 und C, sowie Kalium, Kalzium, Phosphor, Eisen und Natrium.

Die Kerne des Ölkürbisses bestehen zu 91 Prozent aus einfach ungesättigten Fettsäuren, die essentiell für den Zellaufbau sind. Darüber hinaus enthalten sie Vitamin A, B1, B2, C und E sowie Eisen, Jod, Fluor, Kalium, Kalzium, Kupfer, Magnesium, Mangan, Natrium, Phosphor, Selen, Schwefel und Zink. Das aus ihnen gewonnene Kürbiskernöl wird deshalb neben seines wunderbaren Geschmacks auch als Heilmittel gegen zahlreiche Beschwerden geschätzt.

Für die Gewinnung eines Liters sind 2,3 Kilogramm getrockneter Kerne notwendig, was einer Menge von ca. 20 Kürbissen entspricht. Kürbiskernöl ist hellgrün und enthält alle Inhaltsstoffe, wenn es kalt gepresst hergestellt wird. Das Steirische Kernöl genießt dabei einen besonderen Ruf. Seine Bezeichnung ist EU-geschützt und nur in dieser Region gewonnenes Öl darf diese Qualitätsbezeichnung tragen. Es ist dickflüssig und dunkelgrün, fast braun, da die Kerne vor der Pressung durch ein schonendes Röstverfahren ein nussiges Aroma erhalten. Kürbiskernöl wird immer in dunklen Flaschen abgefüllt, da sich seine Inhaltsstoffe unter Licht- und Lufteinwirkung schnell abbauen. Deshalb sollte man angebrochene Flaschen kühl und dunkel lagern.

Harte Schale, genussreicher Kern

Bei der Vielfalt an unterschiedlichen Kürbissorten bedaure ich es, dass viele Leute überwiegend an einer Sorte festhalten. Dabei hat jeder Kürbis seine eigene Geschmacksrichtung, keine Sorte schmeckt wie die andere; das ist das Interessante an diesem Fruchtgemüse. Entsprechend seines Aromas oder seiner Konsistenz des Fruchtfleisches, ist der Kürbis somit vielfältig in der Küche einsetzbar. Er ist für Vorspeisen zu verwenden oder roh im Salat. Auch Suppen, Aufläufe, Beilagen bis hin zu Desserts können aus ihm zubereitet werden. Ich empfehle gerne,

unterschiedliche Sorten zu nehmen, sie in Spalten zu schneiden und in eine Auflaufform zu legen. Bestreicht man diese mit neutralem Öl, schiebt sie zwanzig Minuten lang bei 200 °C in den Backofen und verkostet die unterschiedlichen Sorten mit etwas Salz bestreut, kann man die Geschmacksunterschiede am besten vergleichen. Genauso spannend ist es, das gleiche Suppenrezept mit jeweils einer anderen Sorte herzustellen. Man wird erfahren, die Suppe hat nicht nur einen anderen Geschmack sondern und auch eine andere Farbe!

95 Prozent aller Kürbisse sind essbar, lediglich 5 Prozent haben Bitterstoffe, die den Verzehr ungenießbar machen. Die Speisekürbisse unterscheiden sich im Groben bezüglich der drei Geschmacksrichtungen fruchtig, nussig oder süßlich. Die meisten Kürbisse müssen aufgrund ihrer harten Schale vor dem Verzehr geschält werden. Dazu halbiert man sie am besten mit einem starken, scharfen Messer. Sollte dies zu beschwerlich sein, empfehle ich, den Kürbis in heißes Wasser oder kurz in den heißen Backofen zu legen. So wird die Schale weicher und er lässt sich hervorragend schneiden. Dann wird das Fleisch herausgeschnitten oder gekratzt und das faserige Innere mit den Kernen entfernt. Einige wenige Sorten oder auch noch junge, unausgereifte Kürbisse können mitsamt ihrer Schale verarbeitet werden, was den Gerichten meist eine wunderbare Farbe verleiht. In diesem Fall sind die Kürbisse zunächst gründlich abzuschrubben und zu säubern, bevor sie zerkleinert und ebenfalls vom faserigen Fruchtfleisch mit den Kernen befreit werden.

Wellness mit dem Kürbis

Dass der Kürbis für unsere Gesundheit gut ist, das wusste bereits Hildegard von Bingen (1098–1179). Sie setzte die Heilkraft dieser Pflanze bei Harn- und Blasenleiden ein und beschrieb die heilende Wirkung bei Prostataerkrankungen. Noch heute wird Männern empfohlen, Kürbiskerne präventiv zu nutzen. 10 g Kerne pro Tag reichen aus. Hundebesitzer werden zu schätzen wissen, dass 1 TL Kürbiskerne über drei Wochen täglich mit der Nahrung verabreicht, für den geliebten Vierbeiner eine ideale Wurmkur darstellt.

Von dem pflanzenkundigen Arzt Leonhard Fuchs (1501–1566) stammt die Feststellung, der Kürbis mache lose Zähne wieder fest. Das ist sicherlich darauf zurückzuführen, dass die Inhaltsstoffe des Kürbisses die Zellstrukturen stärken und außerdem Kalzium und andere wichtige Spurenelemente enthalten. Das Zink beispielsweise hilft gegen Schuppenflechte, indem das kalt gepresste Kürbiskernöl auf die entsprechenden Hautpartien aufgetragen wird. Auch macht das Öl rissige Haut oder mit Neurodermitis befallene Stellen sanft und weich. Wird allmorgendlich ein Gemisch aus 1 TL dieses hochwertigen Öles mit 1 TL Haferflocken und 20 g Quark eingenommen, senkt dies nachweislich den Cholesterinspiegel im Blut.

Für eine Entschlackungs- und Entgiftungskur empfiehlt die Heilpraktikerin Isabell Velltmann unseren Hofgästen bei den Kürbisevents, einmal wöchentlich einen Entlastungstag mit 600 g Kürbisfleisch, roh, gekocht oder gedünstet, über den Tag verteilt zu essen, dazu mindestens 1 EL Kürbiskernöl und eine ausreichende Trinkmenge von mindestens 2,5 Liter Wasser oder Tee. Weitere Wellness-Tipps, u. a. ein Frischekick für die Haut oder ein öliges Schönheitsbad, gibt sie unseren Eventteilnehmern zum Abschluss eines solchen „Abend für die Sinne".

Halloween und der Kürbis

Der Kürbis, ausgehöhlt und mit eingeschnittenen Fratzen, gilt als Symbolfigur für Halloween. Die nach Amerika eingewanderten Iren hatten den All Hallows' Eve-Brauch mitgebracht, bei dem vor Allerheiligen, die Nacht vom 31. Oktober auf den 1. November, den Toten gedacht wird. Der Sage nach hatte sich der trunksüchtige Hufschmied Jack auf einen Pakt mit dem Teufel eingelassen. Als dieser ihn holen wollte, bat Jack als letzten Gefallen um einen Apfel. Der Teufel ließ sich darauf ein, kletterte auf einen Baum, um die Frucht zu holen. Da schnitzte Jack ein Kreuz in die Baumrinde und der Teufel war auf dem Baum gefangen. So kam's zu einem Handel zwischen den Beiden. Als der Teufel Jack versprach, ihn bis in alle Ewigkeit in Ruhe zu lassen, entfernte dieser das Kreuz. Als Jack später verstarb, verweigerte man dem wenig gottesfürchtigen Mann den Einlass im Himmel. Aber auch die Höllenpforte blieb ihm verschlossen, stand der Teufel doch zu seinem Versprechen, niemals seine Seele zu holen. Der Teufel schickte ihn zurück, woher er gekommen war. Aus Mitleid, weil es kalt und dunkel war, gab er Jack eine glühende Kohle mit auf den Weg. Dieser steckte die Kohle in eine ausgehöhlte Rübe, die er als Wegzehrung mitgenommen hatte. Seitdem geistert, so erzählt man, die verdammte Seele von Jack O'Lantern am Vorabend vor Allerheiligen wie ein Irrlicht durch die Dunkelheit. Da es in Amerika mehr Kürbisse als Rüben gibt, werden seitdem ausgehöhlte Kürbisse mit einem Licht erleuchtet, das in Fenstern oder vor Haustüren gestellt den nächtlings Umherstreifenden den Weg weist.

Auch bei uns erfreut sich das Kürbisschnitzen zunehmender Beliebtheit. Nicht nur Kinder, auch viele Erwachsene kommen immer wieder zu uns, um sich unter der professionellen Anleitung unserer Schnitzhexe Olga Rayes-Busch und ihrem Hexenteam, eingestimmt durch die Geschichte von Jack O'Lantern und dem Teufel, im Kürbisfratzenschnitzen zu üben. Für mich immer wieder eine große Freude, es entstehen dort wahrlich meisterhafte Kürbisgesichter!

Die Ergebnisse können sich sehen lassen! Mit Spaß und ein bisschen Übung entstehen Kürbisgesichter, die man geradezu lieb gewinnen kann.

DAS KÜRBISJAHR BEGINNT

Eigentlich beginnt das Kürbisjahr im Frühling. Doch die Riesenbeere beschäftigt uns vom Ligges-Hof fast das ganze Jahr.

Für die Kinderevents säen wir Kürbissamen noch ganz klassisch aus. Dazu wird Substrat in die kleinen Anzuchttöpfchen gefüllt und die Paletten im Hof aufgestellt.

Das Kürbisjahr beginnt lange vor der Aussaat. Meist nutze ich die kurze, aber etwas ruhigere Zeit im Winter, um mich darauf vorzubereiten. Ich vergleiche die vielen angebotenen Sorten und stelle daraufhin unser eigenes Sortiment zusammen. Auch wenn es weit über 800 Sorten gibt, so konzentrieren wir uns auf ca. 200 verschiedene pro Jahr. Unser Ziel ist es immer, etwas Neues anzubauen und Besonderheiten zu finden. Das bestimmt also meine Auswahl. Aber auch die Erfahrungen des vergangenen Jahres und die Rückmeldungen unserer Kunden fließen in den Entscheidungsprozess mit ein. Es sollen vor allem geschmacklich hochwertige Speisekürbisse sein, ausgefallene und dazu solche mit interessantem Aussehen in vielen verschiedenen Farben und Formen. Ich lege Wert auf gut lagerfähige Sorten sowie solche, die kleinere und damit gut portionierbare Fruchtgrößen hervorbringen. Und natürlich brauchen wir auch Früchte, die sich für dekorative Zwecke und das Kürbisschnitzen eignen, wobei auch diese zum größten Teil essbar sind. Steht die Sortimentszusammensetzung, wird die jeweilige Saatgutmenge abhängig von der damit zu bestellenden Ackerfläche berechnet und schließlich geordert.

Die Aussaat

Die Samen des Kürbisses sind relativ groß und lassen sich leicht per Hand aussäen. Einen Teil säen wir somit direkt ins Freiland, wenn dies ab Anfang Mai möglich und der Boden nicht zu nass ist. Beim anderen Teil erfolgt die Aussaat in spezielle Anzuchttöpfe, die später mit der gekeimten Pflanze aufs Feld gepflanzt werden. Für ein unproblematisches Auskeimen

Kürbissamen sind relativ groß. So können sie direkt in die mit Substrat gefüllten Anzuchttöpfchen gesteckt werden.

achten wir darauf, dass die Samen immer mit der Spitze nach unten weisen.

Optimalerweise benötigt der Kürbissame zum Keimen einen warmen, hellen Standort. Schon nach wenigen Tagen regt sich die Substratoberfläche und es lassen sich die ersten Keimblätter erkennen. Diese entwickeln sich aus den beiden Samenhälften, meist tragen sie die Samenhülle beim Durchstoßen der Erdoberfläche dabei noch wie eine Zipfelmütze über sich. Spätestens, wenn sich die Keimblätter vollends entfalten, fällt die Samenhülle ab. Nun ist es bei den in Anzuchttöpfen vorgezogenen Keimlingen Zeit zum Auspflanzen aufs Feld. Dabei müssen wir besonders in der Anfangszeit auf Vögel und Schneckenbefall achten, denn diese lieben den Samen beziehungsweise die zarten Jungpflanzen. Sie können als natürliche Feinde des Kürbisses auf unseren Feldern große Schäden anrichten.

Das Auspflanzen

Das Auspflanzen erfolgt in gut vorbereitete Böden. Dies geschieht, wenn der Boden bereits durch die Sonne aufgewärmt ist. Dann werden die Kisten mit den kleinen Anzuchttöpfen auf den Anhänger gepackt und zum Feld gefahren. Auf der Pflanzmaschine, die vom Trecker gezogen wird, sitzen zwei Personen, die die kleinen Kürbispflanzen in die Erde setzen.

Wichtig ist dabei, dass der Abstand von Pflanze zu Pflanze innerhalb der Reihe genau eingehalten wird. Schon wenige Tage später breiten sich die Jungpflanzen aus. Denn was den Platzbedarf betrifft, ist die Kürbispflanze raumgreifend. Zum Entwickeln ihrer Blätter, Wurzeln und der Früchte benötigt sie viel Fläche um sich herum und am liebsten humusreichen Boden. Ist das

Kürbissamen keimt schnell und unproblematisch. Besonders die Kinder haben Freude daran, das schnelle Wachstum und Kräftigwerden der kleinen Pflänzchen zu beobachten.

Das Feld ist bereitet. Reihe für Reihe werden die vorkultivierten Kürbispflänzchen eingepflanzt. Was hier noch so winzig aussieht, wird schnell grün und bemächtigt sich der Feldfläche.

Im Takt des notwendigen Abstands und in Schrittgeschwindigkeit des Treckers geht die Pflanzarbeit vonstatten. Schon wenige Tage danach rückt die Hackkolonne dem ebenfalls sprießenden Unkraut zu Leibe.

gegeben, kann man mit einem guten und raschen Wachstum rechnen.

Hat die Kürbispflanze vier bis sechs Blattpaare gebildet, muss das erste Mal das ebenfalls aufgegangene Unkraut gehackt und der Boden gelockert werden. Die Unkrautbekämpfung – ob mit der Maschine oder von Hand – ist die wichtigste Pflegemaßnahme, um die Kürbispflanze vor der Konkurrenz anderer Pflanzen zu schützen. Dabei helfen alle mit, die Flächen zwischen den Reihen und den Abstand zwischen den einzelnen Pflanzen von Bewuchs zu befreien. Bis die Kürbispflanzen genug Blätter gebildet und ihre umliegende Fläche damit beschattet haben, müssen diese Bodenpflegemaßnahmen durchgeführt werden. Das zunehmend wärmer werdende Frühlings- und Frühsommerwetter begünstigt das Kürbiswachstum. Als ein Gewächs aus warmen, tropischen Klimaten stammend, macht die in diesen Monaten oft kräftige Sonneneinstrahlung dieser Kultur nichts aus, im Gegenteil. Schon bald zeigen sich dann auch die ersten Blüten. Diese meist gelben, großen, trichterförmigen und nektarreichen Blüten sind ein wahrer Tummelplatz für Insekten, die für die Bestäubung sorgen. Männliche Blüten sind an dünnen Stielen erkennbar, weibliche an einem darunter liegenden verdickten Fruchtknoten. Aus ihnen entwickeln sich nun die Früchte, vorausgesetzt, es gibt dann und wann mal einen ergiebigen Regenguss und die Nachttemperaturen fallen nicht mehr unter zehn Grad Celsius.

Die Ernte

Kürbisse lieben es sonnig. So entwickeln sie dann auch die besten und schmackhaftesten Früchte.

Ab August können die ersten Beeren geerntet werden. Sie sind meistens noch zart und können als die sogenannten Sommerkürbisse oft auch mitsamt der Schale verzehrt werden. Verbleiben die Früchte bis Ende August oder gar September auf dem Feld an der Pflanze, reifen sie zu hartschaligen Exemplaren heran. Harte, holzig gewordene Fruchtstiele sind das sicherste Zeichen für ihre vollständige Reifung. Da ausgereifte Früchte in der Regel bis in den Winter und darüber hinaus lagerfähig sind, werden sie Winterkürbisse genannt. Beim Ernten trennen wir zunächst die auf dem Feld liegenden Riesenbeeren von den Pflanzen mittels einer starken Schere oder mit einem scharfen Messer. Anschließend muss jedes einzelne Exemplar vorsichtig aufgehoben und auf das Förderband gelegt werden, das den Kürbis auf den Anhänger befördert. Hier werden die Früchte vorsichtig in große, bereitstehende Transportkisten, zum Teil nach Sorten und Größen getrennt, verstaut. Dies alles ist durchaus schwere körperliche Arbeit und geschieht geradezu mit Samthandschuhen, um Druckstellen auf den Früchten zu vermeiden. Man darf sich also nicht täuschen lassen, diese hartschaligen, großen, schweren Beeren sind Sensibelchen, was ihre Handhabung betrifft. Sie wollen geradezu wie rohe Eier behandelt werden, denn jede Verletzung würde die Haltbarkeit verkürzen. Übrigens: Das gilt auch während der Lagerung! Kürbisse sollte man nie am empfindlichen Stielansatz anfassen, sondern immer mit beiden Händen umfassen.

Jetzt sind die Muskeln gefragt. So ein Kürbis wiegt schon mal zehn Kilogramm. Ein Förderband transportiert ihn auf den Treckeranhänger.

Die Zeit ist reif, die Kürbisse werden geerntet. Das Feld ist übersät mit den leuchtenden Bällen. Manche kleinere oder grünliche Beere versteckt sich unter dem herbstlich verfärbten Laub.

Vorsichtig und langsam geht es zum Hof. Kürbisse sind druckempfindlich, insofern legen wir größten Wert auf einen behutsamen Transport.

Das Waschen und Verkaufen

Auf dem Hof angekommen, werden die Holzkisten mit den Kürbissen abgeladen. Inzwischen wurde in unserer Scheune die Kürbiswaschstraße aufgebaut, mehrere wassergefüllte Bassins, in denen die Kürbisse von vielen fleißigen Händen mittels Bürsten geschrubbt und von Erdresten befreit werden. Dabei unterlaufen die Kürbisse erneut einer Qualitätskontrolle, schlechte oder angestoßene werden aussortiert. Am Ende wird der gewaschene Kürbis gewogen, entsprechend mit einem Preisetikett versehen und sortenrein in Holzkisten für die Lagerung verstaut. So können die Kürbisse in unserer Scheune bis zum Verkaufszeitpunkt und gegebenenfalls bis weit ins nächste Jahr hinein gelagert werden.

Über routierende Bürsten in den Wasserbassins werden die Kürbisse von Erdresten befreit, auf schadhafte Stellen hin inspiziert und schließlich gewogen und ausgepreist.

Unsere Kürbisfeste und -aktionen

Ab Ende August kommt für uns die schönste Zeit. Dann verwandelt sich der Ligges-Hof in ein orangenes Lichtermeer, unsere Kürbisschilder sind aufgehängt, die Einladungen zu unseren Aktionen geplant, die Flyer gedruckt und schließlich stellen sich die ersten Gäste ein. Die Deele wird dann mit all den verschiedenen Kürbissorten angefüllt und wir bauen unsere floralen Dekorationsideen auf, unsere selbst gemachten Gestecke, Kränze und Arrangements, die die Fülle des Spätsommers und Herbstes zum Ausdruck bringen. Hinzu kommen die vielen kulinarischen Produkte, unsere selbst eingemachten Marmeladen, Snacks, Pasten, Süß-Sauer-Gerichte, dazu die Öle und Essige. Das lieben die Kunden besonders, dass sie stöbern, schöne Dinge entdecken können und bei uns

Die Deele ist aufgebaut mit allen Kürbissorten und Zusatzprodukten. Die Kunden können kommen, jetzt beginnen die Kochevents und Schnitzkurse. Täglich ist unser Bauernladen geöffnet.

erhalten. Eine ungeheure Auswahl verschiedenster Kürbissorten finden sie hier vor und dazu jede Menge Aktionen und Events. Denn seit vielen Jahren gibt es in der Kürbissaison von September bis in den November hinein neben Kursen zum Kürbisschnitzen oder den Kürbis-Heilpraktikerabenden auch mehrmals wöchentlich kulinarische Events. Dann präsentieren Köche aus der Region ihre ganz besonderen Kürbisgerichte, berichten über die Zubereitungsmethoden und Verwendbarkeit der unterschiedlichen Kürbisarten und beraten unsere Besucher. Unsere Gäste sitzen dann urgemütlich im ehemaligen Bullenstall auf Strohballen und verkosten Herzhaftes, Pikantes, Süßes und Saures, immer mit dem Kürbis.

Der Ligges-Hof ist zum Kürbishof geworden mit einem Ruf weit über die Region ins Land hinaus. Meine ganze Familie, viele Helfer und Helferinnen aus der Nachbarschaft und die vielen Köche, die zu Freunden geworden sind, unterstützen uns in unserem Bemühen, den Kürbis in seiner Vielseitigkeit als leckeres und gesundes Genussgemüse weiterhin bekannt zu machen.

Die gewaschenen und sortierten Kürbisse kommen in die Lagerscheunen. Von hier beliefern wir unsere Märkte und Lieferanten sowie unseren eigenen Ab-Hof-Verkauf.

DIE BESTEN
SPEISEKÜRBISSE

Kulinarisch boomt der Kürbis. Selbst in der Haute Cuisine hat er Einzug gehalten. Sein Formen- und Geschmacksreichtum hat ihn vom Arme-Leute-Gemüse zu einem geliebten Klassiker in der modernen Küche gemacht. Hier sind einige der Besten.

'Acorns' (Cucurbita pepo)

Die Acornfrüchte gehören zu den Sommerkürbissen. Sie sind zum einen sehr dekorativ, zum anderen gehören sie zu den schmackhaftesten Kürbissen überhaupt. Es gibt unterschiedliche Sorten, nämlich solche mit glatter weißlicher, cremefarbiger, orangener oder dunkelgrüner Haut.

Form: eichelförmig, 10–14 cm dick, 15–18 cm hoch, ca. 1 kg schwer

Fruchtfleisch: alle Sorten sind cremefarbig bis gelblich, trocken, fest, leicht faserig und haben ein feines, süßliches Haselnussaroma

Verwendung: frisch zum Rohessen oder zum Backen, Braten, Füllen, für Ofengerichte, Salat und Süßspeisen

Besondere Eigenschaften: zum Rohessen geeignet, mit Schale zu verwenden

Lagerzeit: 3–6 Monate

'Cream of the Crop'

'Table Queen'

'Autumn Crown' (Cucurbita moschata)

Die Sorte gehört zum Typ 'Long Island Cheese'. Er hat eine handliche Größe und ein beige-braunes Aussehen mit weißlicher Patina.

Form: flachrund, 12–18 cm dick, 10–14 cm hoch, ca. 1,5–2 kg schwer

Fruchtfleisch: orange, fest, leicht faserig, süsslich, fruchtig, leicht nussiges Aroma

Verwendung: für Kuchen, Pürees, Suppen

Lagerzeit: 5–9 Monate

'Baby Boo' (Cucurbita pepo)

Diese wunderschöne Minisorte ist der kleinste weiße Speisekürbis mit sehr hohem Dekorationswert. Er ist weltweit sehr beliebt. Mit zunehmender Reife können die Früchte ins Beigefarbene wechseln.

Form: flachrund, 5–8 cm dick, 3–4 cm hoch, ca. 100–200 g schwer

Fruchtfleisch: orange, 1 cm dick, leicht mehlig, knackig und mit feinem, süßem Nuss- und Marroni-Aroma

Verwendung: zum Füllen, Backen und Frittieren

Besondere Eigenschaften: Die Früchte lassen sich sehr gut mit einer Füllung im Backofen garen und als Highlight komplett servieren.

Lagerzeit: 3–7 Monate

'Bischofsmütze' (Cucurbita maxima)

Diese eher für Zierzwecke gezüchtete Kürbis gehört zu den Riesenkürbissen und ist essbar.

Form: halbkugelig, vorstehendes Mittelteil, 20–30 cm im Durchmesser, ca. 1,5–4 kg schwer

Fruchtfleisch: mehlig, feinporig und von süßlichem Geschmack und durchschnittlicher Qualität

Verwendung: für Suppen, zum Füllen oder den Kürbis im Ganzen im Ofen garen und anschließendem Auskratzen sowie zur Verarbeitung zu Gnocchi

Lagerzeit: 3–4 Monate

'Flat White Boer' (Cucurbita maxima)

Der Sortenname bedeutet „flacher weißer Kürbis".

Form: extrem flach-rund, leicht gerippt, 30–40 cm Durchmesser, 5–8 kg schwer

Fruchtfleisch: ausgezeichnete Qualität, fast dunkel-orange, dick, zart; süß, reich an Karotin, Fruchtfleisch zerfällt nicht

Verwendung: für Gratins und Aufläufe, Suppen, zum Braten, Marmeladen, Süßspeisen

Lagerzeit: 3–6 Monate

'Blue Banana' (Cucurbita maxima)

Diese interessante längliche, blau-graue Sorte gehört zu den Riesenkürbissen. Sie ist von schöner Farbe und exklusiver Form. Bei warmer Lagerung steigert sie ihr Aroma.

Form: walzen- bis bananenförmig, 12–20 cm dick, 40–70 cm lang, ca. 4,5–5 kg schwer

Fruchtfleisch: dunkelgelb bis orange, dick, trocken, fest; süß, ausgezeichnete Qualität, feiner Kürbisgeschmack

Verwendung: für Pürees, Gratins und Aufläufe, für Suppen, als Gemüse, zum Braten, für Kuchen und Marmeladen

Lagerzeit: bis 9 Monate

'Butternut' (Cucurbita moschata)

Die Butternut-Sorten zählen zu den besten Speisekürbissen und gelten als beliebteste Allrounder. Die Früchte liefern eine erstaunliche Menge besten Fruchtfleisches. Ihre dünne Haut lässt sich leicht schälen und sie haben nur ein kleines Kerngehäuse.

Form: länglich bis birnenförmig, je nach Sorte variiert die Größe und das Gewicht von 500 g bis 3,5 kg

Fruchtfleisch: gelblich bis orangefarbig, fest; süßlich aromatisch, nussartiges Aroma

Verwendung: sehr gute Speisequalität, schmeckt sehr gut angebraten, bestens für Aufläufe, zum Dünsten, Dämpfen, Füllen und für Pies, Suppen, Pürees, Kuchen, Marmeladen, sowie für Rohkost

Besondere Eigenschaften: zum Rohessen geeignet

Lagerzeit: 3–7 Monate

'Everest' (Cucurbita maxima)

Sehr schöne graue Sorte aus Australien. Die Früchte haben ein sehr gutes Fruchtfleisch, welches beim Kochen nicht sofort zerfällt.

Form: glatt, flachrund, mit Rippen, 20–35 cm im Durchmesser, 4–6 kg schwer

Fruchtfleisch: gelb-orange, dick, fest, süsslich

Verwendung: für Aufläufe, für Kuchen, zum Anbraten

Lagerzeit: ca. 4–8 Monate

'Delica' (Cucurbita maxima)

Dieser Kürbis wird auch als „grüner Hokkaido" bezeichnet. Die Oberfläche ist glatt, dunkelgrün marmoriert, mit helleren Flecken und hellgrün-grauen Furchen.

Form: flachrund, 40 cm im Durchmesser, ca. 1–2,5 kg schwer

Fruchtfleisch: dunkelgelb, dick, fest, feinkörnig, süß, nussig und von feinem Marroni-Aroma, hervorragende Speisequalität

Verwendung: zum Braten, Backen, für Gratins und Aufläufe, Brot, Suppe. Tipp: Besonders schmackhaft ist ein Kürbispüree

Besondere Eigenschaften: mit Schale zu verwenden, färbt dann z. B. die Suppe grünlich

Lagerzeit: 4–8 Monate

'Hokkaido' oder 'Uchiki Kuri' (Cucurbita maxima)

Dieser Kürbis wird wegen seiner Farbe auch als „Roter Hokkaido" bezeichnet. Es ist der Speisekürbis mit dem größten Bekanntheitsgrad. Sein Geschmack ist hervorragend und erinnert an Esskastanien. Der Kürbis braucht nicht geschält zu werden, da die Schale verkocht.

Form: rund bis hochrund, 12–20 cm dick, 14–22 cm hoch, ca. 1,5 kg schwer

Fruchtfleisch: gelb-orange, fest, feinkörnig, mehlig bis trocken; süß, reich an Vitaminen, insbesondere enthält es das gesunde Pro Vitamin A und mehr Beta-Karotin als Möhren

Verwendung: für Suppen, Kuchen, Pürees, Gratins, Aufläufe, zum Dünsten, Brotbacken, für Gnocchi, zum Füllen

Besondere Eigenschaften: mit Schale zu verwenden

Lagerzeit: 5–7 Monate

'Gelber Zentner' (Cucurbita maxima)

Diese ist die typische Kürbissorte „aus Omas Garten" und damit eine der bekanntesten Sorten in Deutschland.

Form: rundlich mit vertieftem Stielansatz, 8–20 kg schwer

Fruchtfleisch: gelb, fest, leicht süßlich, mit neutralem Geschmack

Verwendung: gut geeignet für süß-saure Gerichte, Suppen und Marmeladen

Lagerzeit: bis 4 Monate

'Fairytale' (Cucurbita moschata)

Grün geerntet reift die Frucht bei Wärme nach und verändert ihr Aussehen und verbessert den Geschmack.

Form: flachrund, vertiefter Stilansatz, ca. 20–35 cm dick, 15–20 cm hoch, ca. 5–7 kg schwer

Fruchtfleisch: fest, leuchtend orange; süß-fruchtig-aromatisch, leicht nach Muskat schmeckend, hat eine auserlesene Qualität

Verwendung: für jede Zubereitung verwendbar, die ausgehöhlte Kürbisfrucht lässt sich als Suppenschale zum Servieren der Kürbissuppe verwenden

Besondere Eigenschaften: zum Rohessen geeignet, mit einer Füllung als Ganzes im Ofen garen und servieren

Lagerzeit: 4–8 Monate

'Garbo' (Cucurbita maxima)

Die schöne rötliche bis terrakottafarbene Farbe macht diese Sorte äußerst dekorativ.

Form: flachrund mit deutlichen Rippen, 20–23 cm dick, 14–20 cm hoch, 2–4 kg schwer

Fruchtfleisch: hellgelb, neutral

Verwendung: für Suppen und süß-sauere Gerichte

Lagerzeit: 3–6 Monate

'Long Island Cheese' oder 'Tancheese' (Cucurbita moschata)

Der Name setzt sich aus den Begriffen „tan" = braune Gerbfarbe, sowie „cheese" (engl.) = Käse. 'Long Island Cheese' ist ein Moschuskürbis.

Form: flachrund, gerippt, 17–22 cm dick, 8–12 cm hoch, 0,7–3 kg schwer

Fruchtfleisch: orange, fest, süßlich, aromatisch, feines, nussiges Aroma, gute Speisequalität

Verwendung: für Suppen, Pürees, zum Anbraten, zum Backen, für Kuchen, für Marmeladen

Lagerzeit: 5–9 Monate

'Futsu Black Rinded' (Cucurbita moschata)

Dieser Muskatkürbis ist von höchster Qualität mit mehliger Patina. Bei längerem Lagern färbt sich der Kürbis sandbraun.

Form: sehr dekorativ gerippt, ca. 20 cm im Durchmesser, ca. 1–1,5 kg schwer

Fruchtfleisch: mittelfest, feinkörnig, orange bis braun mit süßlichem, fruchtigem und leicht muskatnussartigem Geschmack

Verwendung: für Suppen, Gemüse, zum Garen im Ofen, zum Füllen, für Gratins und Kuchen, als Dessert oder Konfitüre

Besondere Eigenschaften: Die Schale verkocht mit dem Fruchtfleisch und kann daher mit verwendet werden.

Lagerzeit: 4–8 Monate

Halloween-Kürbis (Cucurbita pepo)

Dieser typische Dekorationskürbis eignet sich aufgrund seiner festen und gut haltbaren Schale besonders gut zum Schnitzen und Bemalen. Das ausgehöhlte Fruchtfleisch lässt sich gut in der Küche verwenden.

Form: kugelrund, leicht flachrund bis hochrund, 15–35 cm dick, 20–40 cm hoch, Gewicht variiert von 500 g bis 100 kg

Fruchtfleisch: meist gelb bis orange, dick, manchmal auch etwas faserig

Verwendung: für Suppen, Pürees, Marmeladen, Pies, Kuchen und Brot

Besondere Eigenschaften: Die kleineren Kürbisse werden gerne als Suppenschalen verwendet.

Lagerzeit: ungeschnitzt ca. 3–10 Monate, geschnitzt ca. 1 Woche

'Longue de Nice' (Cucurbita moschata)

Diese Sorte mit der keulenförmigen, lang gezogenen Frucht, ähnlich der von 'Butternut', stammt aus Frankreich und ist dort sehr beliebt. Die Oberfläche ist erst grün, später dunkelorange mit mehliger Patina. Die späte Reife wird mit hervorragendem, dunkelorangenem Fruchtfleisch belohnt.

Form: länglich und flachrund, 8–15 cm dick, 80 cm lang, 3–8 kg schwer

Fruchtfleisch: intensiv orange, faserig, leicht süßlich

Verwendung: für Suppen, Marmeladen, Kuchen, Süßspeisen, Pürees, Chutneys

Besondere Eigenschaften: zum Rohessen geeignet

Lagerzeit: 4–8 Monate

Ölkürbis (Cucurbita pepo)

Dieser Kürbis wird vorwiegend in der Steiermark und in der Schweiz angebaut. Er spendet wertvolle Kürbiskerne, die man ohne weitere Behandlung knabbern kann. Man gewinnt aus ihnen durch Kaltpressung ein hochqualitatives Öl, was ein nussiges Aroma hat und auch für diätische Zwecke eingesetzt wird.

Form: kugelrund, oben und unten leicht abgeflacht, 50–80 cm im Durchmesser, 3–7 kg schwer

Fruchtfleisch: dick, hellorange, faserig, schwammig, minderwertige Qualität

Besondere Eigenschaften: Dieser Kürbis wird in erster Linie zur Gewinnung der Kürbissamen angebaut.

Lagerzeit: 3–5 Monate

'Muscade de Provence' (Cucurbita moschata)

Diese alte Moschuskürbissorte stammt aus dem Süden Europas und ist eine Augenweide. Die regelmäßig geformten Rippen im ansprechenden Dunkelgrün reifen nach zur Bronzefarbe, wobei das Aroma des Fruchtfleisches bei warmer Lagerung noch intensiver wird.

Form: flachrund, stark gerippt, vertiefter Stilansatz, 25–30 cm dick, 18–25 cm hoch, 7–25 kg schwer

Fruchtfleisch: fest, leuchtend orange, leicht wässrig; süß-fruchtig-aromatisch (ähnlich der Melone), ausgezeichnete Qualität

Verwendung: für jede Zubereitung verwendbar

Besondere Eigenschaften: Die ausgehöhlte Kürbisfrucht lässt sich als Suppenschale verwenden. Auch zum Rohessen geeignet oder mit Füllung als Ganzes im Ofen gegart.

Lagerzeit: 4–8 Monate

'Pink Jumbo Banana' (Cucurbita maxima)

Diese interessante, längliche, rosafarbige Riesenkürbissorte verändert bei warmer Lagerung ihre Farbe und steigert das Aroma. Die Frucht ist von schöner Farbe und exklusiver Form. Eine beliebte Sorte auf unserem Hof.

Form: zylindrisch bis bananenförmig, 15–30 cm dick, 70–110 cm lang, ca. 5–20 kg schwer

Fruchtfleisch: hellgelb bis orange, dick, trocken, fest; ausgezeichnete Qualität mit einem feinen, süßen Kürbisgeschmack

Verwendung: für Pürees, Gratins und Aufläufe, für Suppen, als Gemüse, zum Braten, für Kuchen, Marmeladen, für süss-saure Gerichte

Lagerzeit: 5–7 Monate

'Mini Musk' (Cucurbita moschata)

Kleiner Muskatkürbis, der sich mit zunehmender Reife von grün nach ocker verfärbt. Aufgrund des dunklen, karotinhaltigen Fruchtfleisches gehört er zu den beliebtesten Speisekürbissen.

Form: flachrund, gerippt, ca. 25 cm im Durchmesser, 5 kg schwer

Fruchtfleisch: fruchtig, orange, feinkörnig

Verwendung: für Suppen, zum Braten und Backen, Rohkost, Süßspeisen

Besondere Eigenschaften: Auch zum Rohessen geeignet oder mit Füllung als Ganzes im Ofen gegart.

Lagerzeit: 4–8 Monate

'Mandarin' (Cucurbita pepo)

Da diese Sorte an eine Mandarine erinnert, erhielt sie diesen Namen. Sie wird häufig zu Dekorationszwecken verwendet, hat jedoch auch eine gute Speisequalität.

Form: hochrund, stark gerippt, 20–25 cm im Durchmesser, 1,5–3 kg schwer

Fruchtfleisch: orange, ca. 1 cm dick; süß, knackig, mit feinem Nuss- und Marroni-Aroma

Verwendung: zum Füllen, Frittieren und Backen, Kürbisspalten

Lagerzeit: 3–7 Monate

'Puccini' (Cucurbita pepo)

Die aus Japan stammende Sorte hat einen hohen Dekorationswert und ist zum Verzehr bestens geeignet.

Form: rund, vertiefter Stilansatz, 7–10 cm im Durchmesser, 200–300 g schwer

Fruchtfleisch: cremefarben, süßlich, dezenter nussiger Geschmack, sehr gute Speisequalität

Verwendung: für Ofengerichte, Süßspeisen, Eis, zum Füllen, Backen und rohen Verzehr, z. B. geraspelt im Salat

Besondere Eigenschaften: Mit den Sorten 'Lil Pumkemon' und 'Surprise' wurde der 'Puccini' als Mikrowellenkürbis bekannt. Siehe hierzu auch Seite 49.

Lagerzeit: 4–6 Monate

'Bal Kabagi' oder Türkischer Bergkürbis (Cucurbita maxima)

Die Sorte stammt aus der Türkei und wird auch Honigkürbis genannt. Das deutet darauf hin, dass das süßlich schmeckende Kürbisfleisch auch für die Herstellung von Süßspeisen und Gebäck verwendet werden kann.

Form: flachrund bis oval mit deutlichen Rippen, 40–60 cm dick, 30–50 cm hoch, ca. 4–10 kg schwer

Fruchtfleisch: dunkelorange, fest; mit hervorragendem feinen süßlichen Aroma

Verwendung: sehr gut für Süßspeisen, zum Braten, für Kuchen und Marmeladen

Lagerzeit: ca. 6 Monate

'Rolet' (Cucurbita pepo)

In Südafrika zählt diese Sorte zu den beliebtesten Früchten und wird dort anstelle von Kartoffeln verzehrt. Man kann die Frucht füllen oder als Ganzes 20 Minuten im Wasser kochen und dann das Fruchtfleisch z. B. mit Kräuterbutter oder einem Dip verzehren.

Form: kugelrund, 7–10 cm im Durchmesser, 100–200 g schwer

Fruchtfleisch: gelblich, dezent nussiges Aroma

Verwendung: zum Füllen, Kochen, im Ofen Garen, zum Überbacken, als Gemüse

Besondere Eigenschaften: Durch die glatte, dunkle Oberfläche bringt diese Sorte wunderschöne Kontraste in das Kürbissortiment.

Lagerzeit: 3–4 Monate

'Rouge Vif d'Etampes' (Cucurbita maxima)

Diese altbewährte Sorte ist im Süden Frankreichs sehr populär. Einer der wenigen Kürbisse mit schöner Rotfärbung.

Form: rund, sehr breit, abgeflacht, teilweise eingedrückt, 20–50 cm breit, 15–20 cm hoch, 8–12 kg schwer

Fruchtfleisch: gelb-orange, fest, mittlere Qualität

Verwendung: für Suppen, süß-saure Gerichte

Lagerzeit: ca. 3 Monate

'Sampson' (Cucurbita maxima)

Diese Sorte kommt aus Südamerika und ist ein ausgezeichneter Speisekürbis.

Form: 4–7 kg schwer

Fruchtfleisch: dunkelorange, dick, zart süß, reich an Karotin

Verwendung: für Aufläufe, Gratins, Suppen, zum Braten, für Konfitüren, Süßspeisen

Lagerzeit: 6–7 Monate

'Sweet Dumpling' (Cucurbita pepo)

Diese wunderschöne kleine Gartenkürbissorte stammt aus Mexiko, ist sehr dekorativ, auch als Speisekürbis geeignet.

Form: flachrund, Stiel vertieft, 8–12 cm dick, 7–10 cm hoch, ca. 300–600 g schwer

Fruchtfleisch: leicht orange, knackig und süß, feines Marroni-Aroma

Verwendung: für Gratins, Aufläufe, zum Füllen, für Backwaren, Desserts, aber auch zum Rohessen

Besondere Eigenschaften: auch zum Rohessen geeignet

Lagerzeit: 3–5 Monate

'Sucrine du Berry' (Cucurbita moschata)

Diese französische Butternut-Sorte hat eine perfekte Speisequalität. Hervorragende Sorte zum Nachreifen. Eine auf unserem Hof beliebte Sorte.

Form: kegelförmig, 12–15 cm dick, 15–23 cm lang, 1–2 kg schwer

Fruchtfleisch: exzellentes Fruchtfleisch, ähnlich wie 'Muskat', dunkelgelb bis tieforange, fest, fruchtig, ähnlich der Melone

Verwendung: für Suppen, Pürees, Süßspeisen, zum Backen und Braten, Gemüse sowie für Marmeladen

Besondere Eigenschaften: auch zum Rohessen geeignet

Lagerzeit: 4–7 Monate

'Sweet Grey' (Cucurbita maxima)

Interessante grau-blaue Züchtung aus Australien und Neuseeland. Sweet Grey heißt „Süßer Grauer".

Form: flachrund, meist eingesengter Stielansatz, leicht gerippt, 20–35 cm dick, 12–20 cm hoch, 3–8 kg schwer

Fruchtfleisch: gelb-orange, dick, fest, süsslich mit hervorragender Speisequalität

Verwendung: für Aufläufe, für Kuchen, zum Anbraten, für Suppen

Besondere Eigenschaften: zerfällt beim Kochen nicht sofort

Lagerzeit: 6–10 Monate

Spaghetti-Kürbis (Cucurbita pepo)

Zählt zu den Sommerkürbissen.

Form: zylindrisch, 13–16 cm dick, 20–30 cm hoch, ca. 1,5–3 kg schwer

Fruchtfleisch: hellgelb, es besteht aus langen, spaghettiähnlichen Fäden, die durch Kochen oder Backen ein nussiges, sehr geschmackvolles Aroma erhalten

Verwendung: gegart als Salat, als ganze Frucht zum Dämpfen und Überbacken

Besondere Eigenschaften: Wird der Kürbis als ganze Frucht gekocht, kann das fädrige Fruchtfleisch, was mit einer Gabel herausgelöst wird, wie Spaghetti zu jeder Pasta-Soße serviert werden oder er wird halbiert mit einer Füllung im Ofen gegart.

Lagerzeit: 3–6 Monate

'Stripetti'

'Small Wonder'

'Tetsukabuto' (Cucurbita maxima x C. moschata)

Der Name 'Tetsukabuto' bedeutet „Eiserner Cup". Durch die exklusive Eigenschaften dieser Riesenkürbissorte ist sie wohl die vollkommenste Sorte unter den Kürbissen. Sie hat eine gute Portionsgröße, das Fruchtfleisch ist von hervorragender Qualität.

Form: fast kugelrund, 14–19 cm dick, 10–14 cm hoch, ca. 1–3 kg schwer

Fruchtfleisch: gelb- bis orangefarbig, dick, fest; süßlich, mit leichtem, fruchtigem Marroni-Aroma

Verwendung: für Suppen, zum Backen, Braten, Füllen, für Marmeladen, Dips

Besondere Eigenschaften: Die Schale kann mit verwendet werden.

Lagerzeit: bis 1 Jahr

'Valenciano' (Cucurbita maxima)

Diese Sorte ist mit Abstand der schönste weiße Kürbis mit sehr guter Speisequalität.

Form: rundlich, leicht flachrund, 20–24 cm dick, 18–22 cm hoch, 3 kg schwer

Fruchtfleisch: dunkelgelb bis orange, fest; süßlich

Verwendung: für Aufläufe, Gratins, Suppen, zum Braten, für Marmeladen und Süßspeisen

Lagerzeit: 3–4 Monate

'Trombolino d'Albenga' (Cucurbita moschata)

Die „kleine Trompete von Albenga" ist eine alte italienische Moschus- bzw. Butternut-Sorte. In Italien wird sie auch als „lebendiges Gemüse" verwendet. Das benötigte Fruchtfleisch wird von der noch an der Pflanze hängenden Frucht abgeschnitten. Die Schnittstelle vernarbt und die Frucht wächst weiter.

Form: schlangenförmig, 4–7 cm dick, bis 150 cm lang, 3–6 kg schwer

Fruchtfleisch: gelblich-orange, fest; süßlich, fruchtig, nussartiger Geschmack, gute Qualität, sehr ergiebig, kleines Kerngehäuse

Verwendung: zum Braten, Backen, für Suppen, Marmeladen und Süßspeisen

Besondere Eigenschaften: als Rohkost zu verwenden

Lagerzeit: 3–6 Monate

'Australian Butter' (Cucurbita maxima)

Sorte aus Australien. Die Früchte sind lachsfarben. Die Verwandtschaft zum Turbankürbis lässt sich an der ähnlichen Form erkennen.

Form: flachrund, unregelmäßige Oberfläche, stark gerippt, ca. 30 cm im Durchmesser, ca. 5 kg schwer

Fruchtfleisch: dunkelorange, trocken; hervorragende feine, leichte Süße mit bester Speisequalität

Verwendung: für Suppen, zum Braten, für Kuchen und Marmeladen

Lagerzeit: ca. 3 Monate

'Wee-B-Little' (Cucurbita pepo)

Diese amerikanische Züchtung erhielt 1999 den Preis „All America Selections Winner". Es ist ein wirklicher Mini-Halloween-Kürbis, der sehr dekorativ ist.

Form: kugelrund, glatte Oberfläche, 6–9 cm im Durchmesser, ca. 300 g schwer

Fruchtfleisch: orange, dick, gute Qualität

Verwendung: Zum Dekorieren, schön als Suppenschale

Lagerzeit: 4–5 Monate

'Winter Luxury' (Cucurbita pepo)

Mit Sicherheit einer der besten Sorten für Suppen und Pies. Die netzartige, orange-rosa-farbene Oberfläche dieser Sorte verleiht diesem Kürbis einen besonderen Dekorationswert. Gute Portionsgröße.

Form: kugelrund, 2–3 kg schwer

Fruchtfleisch: gelblich, fest, leicht fruchtig; gute Speisequalität

Verwendung: für Suppen, Kuchen, Pies, Marmeladen

Lagerzeit: bis 3 Monate

DIE LECKERSTEN KÜRBISREZEPTE

In der Küche avancierte der Kürbis vom Geheimtipp zum wiederentdeckten Traditionsgemüse. Vom Mikrowellenkürbis als Fingerfood-Gericht, über Suppe, Frittate, Auflauf bis zur Süßspeise, das Multitalent macht alles mit.

DER KÜRBIS
Kein Geheimtipp mehr in der Küche

Das einfache Kürbis-Küchen-Latein

Einige Kürbissorten, sowie junge Sommerkürbisse mit einer noch nicht vollständig ausgereiften, weichen Schale, können sogar komplett verzehrt werden. Bei den meisten Sorten allerdings, vor allem den gut lagerfähigen Winterkürbissen, muss jedoch die Schale entfernt werden, um an das weiche, genussreiche Fruchtfleisch zu kommen. Grundsätzlich ist als Erstes das faserige Fruchtfleisch im Inneren mit den Kernen zu entfernen. Dies geschieht am besten mit einem Löffel oder sogar einem Eisportionierer, nachdem man den Kürbis mit einem Messer geöffnet oder halbiert hat.

Das Fruchtfleisch einiger Kürbissorten kann direkt roh, beispielsweise als Salat, verzehrt werden. Dazu wird es in kleine Stücke oder ähnlich wie Möhren in schmale Streifen geschnitten oder geraspelt verwendet. Ich reibe beispelsweise gerne die Reste von Kürbissen über Salate. Um herauszufinden, welche Sorten sich dafür eignen, sollte man einfach mal ein Stück roh probieren oder in diesem Buch im entsprechenden Kapitel nachschlagen.

Die meisten Sorten, dazu zählen die Winterkürbisse, die mehligen und festen Sorten, können vor dem Genuss gegart werden. Dazu gibt es verschiedene Möglichkeiten:

Garen durch Kochen. Dazu wird das in Stücke geschnittene Kürbisfleisch in etwas Wasser je nach Sorte 5 bis 12 Minuten bissfest bis weich gekocht.

Garen im Dampf. Dabei wird das in Stücke geschnittene Kürbisfleisch in einem Siebeinsatz über Wasserdampf bis maximal 20 Minuten gegart.

Garen im Ofen. Dazu wird der in Spalten oder Hälften geschnittene Kürbis samt seiner Schale auf einem eingefetteten Backblech zwischen 20 und 50 Minuten bei 160 bis 200 °C weich gegart. Anschließend wird das Fruchtfleisch herausgekratzt, was sich dann leicht von der nach wie vor festen Schale lösen lässt.

Garen in der Mikrowelle. Dabei wird das in Stücke geschnittene Kürbisfleisch ca. 4 bis 8 Minuten bei mittlerer Stufe weich gegart.

Die einfachste Art der Weiterverarbeitung ist die zur Suppe. Dazu wird beim Weichkochen bereits deutlich mehr Flüssigkeit – Wasser, Wein oder Brühe – zugegeben, weil das Kürbisfleisch reichlich Flüssigkeit bindet. Anschließend mit einem Mixer zur suppigen Konsistenz verquirlen. Im Ofen oder in der Mikrowelle gegartes Fruchtfleisch lässt sich auch direkt aus der Schale löffeln. Aber auch eine Weiterverarbeitung des weichen Fruchtfleisches zu Püree, zur Herstellung von Nudeln, als Teigzusatz für Backwaren usw. ist jetzt möglich. Mit einer Gabel zerdrückt, einem Stabmixer püriert oder durch ein Passetout passiert, ergibt dies eine sämige Masse und ist Grundlage für vielerlei Gerichte. Weist das Kürbismus zu viel Feuchtigkeit auf, lässt man es in einem Sieb oder einem Gazetuch abtropfen, am besten über Nacht im Kühlschrank.

Auch das **Einfrieren von Kürbispüree** ist grundsätzlich möglich. Da es dabei Wasser zieht, sollte man das Kürbismus auf einem dünnen Sieb auftauen lassen, so dass das Wasser abtropfen kann.

Das ist eigentlich schon alles, was man über den Kürbis in der Küche wissen muss. Im Folgenden sind die beliebtesten Rezepte unserer Liggeshof-Kürbisevents zusammengefasst. Ich wünsche viel Spaß beim Nachkochen!

SCHNELL & LECKER: DER MIKROWELLEN-KÜRBIS

Bei dem sogenannten Mikrowellenkürbis handelt es sich um Früchte, die nicht schwerer als 500 Gramm sind. Geeignete Sorten sind 'Lil Pumkemon', 'Surprise' oder 'Puccini'. Für die Zubereitung schneidet man an der Stielseite einen Deckel ab und entfernt die Kerne mit einem Löffel. Nun wird der Deckel wieder aufgesetzt und der Kürbis in der Mikrowelle bei 600 Watt ca. 6 bis 8 Minuten gegart. Danach 100 g Crème fraîche in den Kürbis geben. In der veganen Küche nimmt man stattdessen vegane Sour Creme auf Sojabasis. Mit Salz, Pfeffer und Muskat abschmecken und nun das Fruchtfleisch auslöffeln. Guten Appetit!

HANNA LIGGES UND INGE HILDEBRAND

Was wären wir ohne unsere Mütter bzw. Großmütter! Tatkräftig unterstützen sie alles, was auf dem Hof passiert. Und dabei hat sich vor allem für Schwiegermutter Hanna Ligges vor ca. 15 Jahren vieles grundlegend verändert! Übrigens auch die Kochkunst. Bis dato kannte die bodenständige westfälische Landfrau eigentlich nur Kürbis süß-sauer eingelegt. Mittlerweile sind ihre Marmeladenrezepte und ihr Kuchenrezept „Oma Hannas Kürbiskuchen" auf unserem Hof der Renner. Ich freue mich immer, wenn die beiden Mütter jetzt ihre Traditionsrezepte um neue Ideen rund um und mit dem Kürbis bereichern.

Mit den Kürbissen kam frischer Wind auf den Hof, sagen unsere beiden Mütter einhellig! In jeder Hinsicht, meine ich. Denn sie ließen sich begeistern und mitreißen!

52

KÜRBIS-CREMESUPPE

einfach und immer wieder lecker

'Sampson Winter Luxury', 'Muscade de Provence', Halloween-Kürbisse und viele andere Sorten

ZUTATEN:
für 4 Portionen

1 kg Kürbis
200 g getrocknete Aprikosen
1 große Zwiebel
2 TL Currypulver
50 g Butter
500 ml Gemüsebrühe
200 g Crème fraîche
Salz

Zur Dekoration: Kürbiskernöl
geröstete Kürbiskerne

ZUBEREITUNG:
Aufwand: gering

Kürbisfleisch, Zwiebel und Aprikosen würfeln und in der Butter andünsten. Currypulver und Salz dazugeben und mit Brühe auffüllen. Ca. 40 Minuten köcheln lassen. Dann pürieren, falls zu dick etwas Wasser dazugeben. Crème fraîche unterrühren und mit gerösteten Kürbiskernen und etwas Kürbiskernöl auf dem Teller garnieren.

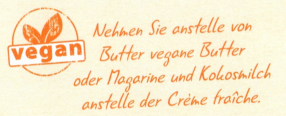

Nehmen Sie anstelle von Butter vegane Butter oder Margarine und Kokosmilch anstelle der Crème fraîche.

'Muscade de Provence', 'Fairytale', 'Mini Musk' und viele andere Sorten

KÜRBISSUPPE nach Paul Bocuse

ZUTATEN: für 8-10 Portionen

3,5 kg Kürbis, 250 ml trockenen Weißwein, 250 ml Sahne, Salz, Pfeffer, Prise Muskat-, Zimt- und Nelkenpulver, 1 TL Tabasco, Saft einer halben Zitrone, zur Dekoration: Frühstücksspeck

ZUBEREITUNG: Aufwand: mittel

Den Kürbis quer halbieren und aushöhlen. Eine Hälfte mit Alufolie bedeckt (blanke Seiten innen) im Backofen garen. Das Fleisch der anderen Hälfte würfeln und mit Wein, Salz und Pfeffer weich kochen. Alles mit Sahne und Gewürzen mischen, pürieren und Zitronensaft dazugeben. Die Suppe in der gegarten Kürbishälfte anrichten. Gewürfelten und gerösteten Speck auf die Suppe geben. Beim Servieren Kürbisfleisch aus dem Kürbis schaben und mit in die Suppe geben.

KÜRBIS SÜSS-SAUER

'Gelber Zentner', 'Gabor', 'Rouge d'Etampes', 'Pink Jumbo Banana'

ZUTATEN:
für 37 Gläser à 450 ml

10 kg Kürbisfleisch
3 l Weißwein- oder Apfelessig
3 l Wasser
3 kg Zucker
6 EL Zitronensaft
500 g Ingwer
4 EL Kräuterhonig

vegan

Ersetzen Sie den Honig gegen Agavendicksaft oder Rohrzucker.

ZUBEREITUNG:
Aufwand: gering

Kürbisfleisch würfeln und in ein großes Gefäß geben, mit Wasser und Essig übergießen und 12 Stunden stehenlassen. Dann die Kürbisstücke mit einer Schaumkelle herausnehmen, den Sud aufkochen lassen, Zucker, Zitronensaft, Honig und den in kleine Stücke geschnittenen Ingwer hinzugeben. Nun jeweils 5 bis 6 Schaumlöffel voller Kürbisstücke in den Sud geben und 6 bis 7 Minuten glasig kochen. Kürbisstücke herausnehmen und in bereit gestellte, saubere Gläser füllen, heißen Sud aufgießen, Deckel sofort schließen und kopfüber auf dem Deckel stehend abkühlen lassen. So alle Gläser nach und nach füllen.

KÜRBIS-DIP

ZUTATEN:
für ca. 500 ml Dip

200 g Kürbisfleisch

200 g Frischkäse mit oder ohne Kräuter

1-2 Knoblauchzehen

Chilischote

Salz, Pfeffer

Nach Belieben:

2-6 EL Crème fraîche

Pellkartoffeln

ZUBEREITUNG:
Aufwand: gering

Das Kürbisfleisch würfeln und in wenig Wasser weich kochen, pürieren und mit den übrigen Zutaten vermengen. Knoblauchzehe ausgepresst, Chilischote fein gehackt, sowie Salz und Pfeffer je nach Geschmack dazugeben.
Mit Crème fraîche schmeckt der Dip besonders gut zu Pellkartoffeln.

Mein Tipp: Besonders schön sieht's aus, wenn der Dip in einen ausgehöhlten Kürbis gefüllt und so serviert wird.

'Tetsukabuto', 'Buttercup', 'Delica', 'Bonbon'

GEFÜLLTE MINIKÜRBISSE
sorgen immer für Überraschung

'Sweet Dumpling', 'Mandarin', 'Puccini', 'Baby Boo', 'Lil Pumpkemon'

ZUTATEN:
für 4 Portionen

4 kleine Kürbisse
250 g Mozzarella
150 g Shrimps
(alternativ Schinkenwürfel)
100 g Crème fraîche
Salz, Pfeffer
Dill

ZUBEREITUNG:
Aufwand: gering

Den Deckel der Kürbisse abschneiden, Kerne und Fasern entfernen. Fruchtfleisch herauslösen und zerkleinern. In eine Schüssel geben und mit Mozzarella, Shrimps, Crème fraîche und Gewürzen mischen. Mischung in die ausgehöhlten Kürbisse füllen und in eine Auflaufform stellen. Im Backofen bei 175 °C Umluft ca. 50 Minuten garen, dann servieren. Den Deckel im Ofen separat garen und vor dem Servieren wieder aufsetzen.

Ersetzen Sie Mozzarella, Shrimps und Crème fraîche durch Räuchertofu, Linsen- oder Kichererbsenschrot und Sojajoghurt.

TOMATEN-KÜRBIS-GRATIN

'Butternut'

ZUTATEN:
für 4 Portionen

1 kg Kürbis
Olivenöl zum Anbraten
500 g Tomaten
Salz, Pfeffer
1 Bund Basilikum
200 g Mozzarella
100g Parmesan

ZUBEREITUNG:
Aufwand: gering

Kürbis schälen, in Scheiben schneiden und in Olivenöl anbraten. Tomaten und Mozzarella in Scheiben schneiden und mit den Kürbisscheiben abwechselnd in eine ofenfeste Form schichten. Würzen und bei 170 °C ca. 25 Minuten backen. Dann den geriebenen Parmesankäse darüber streuen und weitere 10 Minuten überbacken. Zum Schluss Basilikum drüberstreuen. Dazu knackigen Salat servieren.

Ersetzen Sie die Käse durch pflanzlichen Käseersatz und Tofu.

ZUTATEN:
für 4 Portionen

1 Kürbis
1 Scheibe trockenes Brot
1 kleines Stück Ingwer
1 Knoblauchzehe
200 g gemischtes Hackfleisch
2 EL Öl
2 Lauchzwiebeln
1 Ei (Größe M)
50 g geriebener Parmesankäse
Salz, Pfeffer

ZUBEREITUNG:
Aufwand: mittel

Den gewaschenen Kürbis mit Schale halbieren, entkernen und jede Hälfte in 3 bis 4 Spalten teilen. In eine feuerfeste Form setzen, etwa 1 cm hoch mit Wasser angießen und mit Alufolie bedecken. Im vorgeheizten Backofen bei 175 °C Heißluft 25 Minuten vorgaren. Herausnehmen, Ofentemperatur auf 200 °C erhöhen. Inzwischen das Brot in warmem Wasser einweichen, Ingwer und Knoblauch abziehen und hacken, Lauchzwiebeln fein schneiden und zusammen mit ⅔ des Hackfleisches in Öl langsam anbraten. Dann ausgedrücktes Brot, Ei und Rest des rohen Hackfleisches unter das angebratene Fleisch mischen. ⅔ des Käses unterrühren und würzen. Masse in die Kürbisschiffchen füllen, den übrigen Käse überstreuen und bei 200 °C 20 bis 30 Minuten fertigbacken und servieren.

'Hokkaido', 'Delica', 'Acorns', 'Tetsukabuto'

GEFÜLLTE KÜRBISSCHIFFCHEN

KÜRBISBROT MIT KÜRBISKERNEN

'Hokkaido', 'Butternut', 'Delica'

ZUTATEN:
für 1 Kastenbrot

200 g Dinkelvollkornmehl
250 g Weizenmehl
200 g Kürbis
1 Handvoll Kürbiskerne
1 TL Honig
300–400 ml Wasser (je nach Mehlsorte)
1 Würfel Frischhefe
1 Prise Salz

ZUBEREITUNG:
Aufwand: hoch

Kürbisfleisch raspeln. Dann lauwarmes Wasser mit Honig, Hefe und etwas Mehl anrühren und 20 Minuten gehen lassen. Zunächst Vollkornmehl und Salz unterkneten, dann übrige Zutaten zugeben und weiter zu einem elastischen Teig durchkneten, eventuell noch etwas Wasser zufügen. Teig in gefettete Kastenform von 30 Zentimeter Länge geben und bis auf den Boden einschneiden. Bei 200 °C ca. 45 Minuten backen.

vegan

Süßen Sie anstelle des Honigs mit Agaven-, Apfel- oder Birnendicksaft.

KÜRBIS-MARMELADE

ZUTATEN:
für 4-5 Gläser à 200 ml

500 g Kürbisfleisch, 500 g 1:1-Gelierzucker, Saft von 2 Zitronen, evtl. 1 Schuss Grappa

ZUBEREITUNG:
Aufwand: gering

Kürbis schälen, Fleisch fein würfeln oder raspeln und mit dem Gelierzucker und dem Zitronensaft unter Rühren aufkochen lassen. Weitere 5 Minuten köcheln lassen. Dann in heiß ausgespülte, saubere Gläser füllen, eventuell einen Schuss Grappa zugeben und Gläser verschließen.

'Muscade de Provence', 'Sucrine du Berry', 'Tetsukabuto', 'Sampson', 'Long Island Cheese', 'Pink Jumbo Banana', 'Butternut', 'Futsu Black Rinded', 'Melonette Jaspee de Vendee', 'Star'

KÜRBISBLECHKUCHEN

das beliebteste Hof Ligges-Rezept

'Hokkaido', 'Delica', 'Buttercup' oder 'Butternut'

ZUTATEN:
für 1 Blech (30 cm x 40 cm)

600 g Kürbisfleisch
3 Eier
1 Pck. Vanillezucker
400 g Zucker
200 ml Rapsöl
2 TL Zimtpulver
500 g Mehl
150 g gemahlene Haselnüsse
(alternativ Kokosraspel)
1 Pck. Backpulver
0,5 TL Salz

Zur Dekoration:
Puderzucker zum Bestäuben

ZUBEREITUNG:
Aufwand: mittel

Eigelb, Zucker, Öl und Zimtpulver schaumig rühren, dann das geraspelte Kürbisfleisch dazugeben. Mehl und gemahlene Haselnüsse, Backpulver und Salz mischen und unterrühren. Eiweiß zu steifem Schnee schlagen und vorsichtig unterheben. Den Teig auf ein gut gefettetes Backblech geben und im Backofen bei 180 °C 25 bis 30 Minuten backen. Wenn der Kuchen ausgekühlt ist, mit Puderzucker bestäuben.

Nehmen Sie statt der Eier eine pürierte Banane und 3 EL ungesüßtes Apfelmus.

KARL-HEINZ DINKHOFF
vom Katharinenhof

Kalli, wie wir ihn alle nennen dürfen, habe ich vor zirka acht Jahren per Zufall „entdeckt". Spontan sagte der Koch vom Hotel Katharinenhof in Unna zu, für einen erkrankten Koch bei einem meiner kulinarischen Hofevents einzuspringen. Bis dato kannte er eigentlich nur Kürbissuppe. Doch aus dem Stehgreif zauberte er mit unseren Kürbissen in nullkommanichts köstlichste Gerichte – seitdem ist er jedes Jahr dabei. Immer wartet er mit Ungewöhnlichem und Neuem auf. Fingerfood, Wraps oder Palatschinken, nichts zu dem er nicht eine interessante Kürbiskomponente fände!

Von süß bis nussig, die Bandbreite der Kürbisgeschmacksrichtungen tischt der Profi-Koch auf eine entspannt-unkonventionelle Weise auf!

SALAT VOM SPAGHETTI-KÜRBIS

ZUTATEN:
für 4 Portionen

150 g Rucola
1 Kürbis
Kirschtomaten
2-3 EL Olivenöl
Salz, Pfeffer

zur Dekoration:
Kürbiskerne

ZUBEREITUNG:
Aufwand: gering

Den Kürbis der Länge nach halbieren, entkernen, auf der Schnittfläche würzen, mit Öl bestreichen und im Backofen bei 170 °C je nach Größe ca. 30 bis 45 Minuten garen. Herausnehmen, auskühlen lassen, mit einer Gabel die Fasern aus dem Kürbis kratzen und die halbierten Kirschtomaten mit Essig, Öl, Pfeffer und Salz pikant würzen. Rucola vorsichtig unterheben oder den Kürbis auf dem Rucola anrichten und mit Kürbiskernen bestreuen.

alle Spaghetti-Kürbisse

ZUTATEN:
für 4 Portionen

- 1 Kürbis
- Salz, Pfeffer
- 150 g Mascarpone
- 50 g Gorgonzola
- 50 g Parmesan
- Salbei
- 1 EL Olivenöl zum Bestreichen

ZUBEREITUNG:
Aufwand: mittel

Den Kürbis quer in 2 Zentimeter dicke Scheiben schneiden und entkernen. Kürbisscheiben im Dampf 15 Minuten garen. Mascarpone zerbröseln und mit fein geriebenem Parmesan vermengen. Den Backofen auf bei 220 °C vorheizen, Kürbis in geölte Auflaufform geben, mit Salz, Pfeffer und Salbei würzen, Käsemasse darüber verteilen und ca. 10 Minuten backen.

'Stripetti', 'Small Wonder'

GRATINIERTER SPAGHETTI-KÜRBIS

ROLET-KÜRBIS

mit Lachs- oder Kräuterfüllung

'Rolet', 'Puccini', 'Lil Pumpkemon', 'Surprise'

ZUTATEN:
für 4 Portionen

4 kleine Kürbisse

Für die Lachsfüllung:

2 Streifen Lachs

250 g Schafskäse

1 EL Zitronensaft

Salz, Pfeffer

Dill

250 ml Gemüsebrühe

Für die Quarkfüllung:

ca. 2 EL Öl

200 g Quark

etwas Milch

Salz, Cayennepfeffer

1 Bund Schnittlauch

1 EL Zitronensaft

ZUBEREITUNG:
Aufwand: mittel

Von den Kürbissen die obere Kappe mit Stielansatz als Deckel abschneiden, Kerngehäuse entfernen.
Für die Lachsfüllung den Lachs in kleine Würfel schneiden, mit Zitronensaft marinieren und alles mit zerkrümeltem Schafskäse vermengen. Würzen und die Masse in die Kürbisse füllen, Kappe aufsetzen und in einer mit Brühe gefüllten Auflaufform bei 200 °C 25 Minuten im vorheizten Ofen garen.
Für die Quarkfüllung bei den Kürbissen Deckel wieder aufsetzen, Kürbisse sorgfältig von außen mit Öl einreiben, in eine feuerfeste Form geben und ca. 25 Minuten bei 200 °C im vorgeheizten Ofen garen. Zwischenzeitlich Quark mit Milch glatt rühren, Gewürze, Zitronensaft und fein geschnittener Schnittlauch dazugeben. Vom gegarten und leicht abgekühlten Kürbis den Deckel abnehmen, Kräuterquark einfüllen und servieren.

Mein Tipp: Lecker schmeckt es auch, die Kürbisse mit geschmolzener Butter zu genießen. Dazu die Kürbisse mehrmals mit einer Gabel einpieksen, 20 Minuten in Wasser kochen, dann halbieren, Kerne entfernen und mit geschmolzener Butter oder Knoblauchbutter und etwas Salz genießen.

SPAGHETTI-KÜRBIS
mit Bolognese – der Hit bei allen Kindern

'Stripetti', 'Small Wonder'

ZUTATEN:
für 4 Portionen

1 Kürbis

2 EL Olivenöl

Bolognese-Soße nach Geschmack

200 g Käse

ZUBEREITUNG:
Aufwand: gering

Kürbis längs halbieren, Kerne entfernen. Kürbishälften mit Olivenöl einölen und mit Bolognese-Soße füllen. Käse reiben und darüberstreuen. Um den Kürbis Alufolie gegen Umkippen wickeln und im vorgeheizten Backofen bei 200 °C 45 bis 60 Minuten (je nach Größe) backen.

Mein Tipp: Es kann direkt aus den auf dem Teller servierten Kürbishälften gegessen werden.

CRESPELLE
mit Geflügel-Kürbis-Ragout überbacken

'Hokkaido', 'Sampson', 'Tetsukabuto', 'Butternut', 'Flat white Boer' und viele andere Sorten

ZUTATEN:
für 4 Portionen

250 ml Milch
70 g Mehl
2 Eier
ca. 2 EL Butter
Salz, Pfeffer, Paprikapulver (scharf)

Fürs Ragout:
500 g Geflügelbrust
500 g Kürbisfleisch
50 g Butter
100g g Zwiebel
50 ml Weißwein
250 ml Schlagsahne
20 g Mehl
1 Knoblauchzehe
1 EL Zitronensaft
Salz, Pfeffer

Zum Überbacken: 200 g Käse

ZUBEREITUNG:
Aufwand: mittel

Eier und Mehl verrühren, würzen und Milch zugeben. In wenig Butter von beiden Seiten goldbraun in der Pfanne braten.

Für die Füllung Geflügel in Würfel schneiden und kurz in Butter anschwitzen, dann gewürfeltes Kürbisfleisch und klein geschnittene Zwiebel dazu und 3 Minuten mitschmoren lassen. Mit Salz bestreuen und Mehl bestäuben und mit Wein und Sahne ablöschen. Unter Rühren ca. 10 Minuten köcheln lassen, abschmecken.

Crespelle in feuerfeste Form geben, Ragout auffüllen, mit geriebenem Käse bestreuen und im vorgeheizten Backofen bei 180 °C ca. 15 Minuten überbacken.

KÜRBIS-QUARK-KRAPFEN
der Hit zum Abschluss

'Delica', 'Buttercup', 'Hokkaido', 'Butternut', 'Bal Kabagi', 'Sweet Grey'

ZUTATEN:
für 4 Portionen

- 75 g weiche Butter
- 50 g Zucker
- 300 g Magerquark
- 200 g Kürbisfleisch
- 2 Eier
- 250 g Mehl
- 1 TL Backpulver
- 20 ml Milch
- 50 g Kürbiskerne
- Zitronenschale
- Öl zum Ausbacken

Zum Bestreuen: Puderzucker

ZUBEREITUNG:
Aufwand: hoch

Butter und Zucker schaumig rühren, ausgedrückten Quark, Eier, geriebenes Kürbisfleisch, gehackte und geröstete Kürbiskerne, Zitronenschale, gesiebtes Mehl und Backpulver mit der Milch nach und nach unter die Masse heben. Teig zu eigroßen Krapfen formen und in der Pfanne oder in der Friteuse schwimmend im Fett ausbacken. Mit Puderzucker bestreuen und zu Beerenkompott servieren.

Mein Tipp: Dazu Beerenkompott und man möchte gar nicht mehr aufhören zu genießen!

4Ma(h)l – Die Landfrauen

Margret Bienert, Sigrid Buschmann, Annette Wortmann

Das sind drei von vier stets gut gelaunten Landfrauen-Freundinnen. Sie haben aus ihrer Leidenschaft einen Catering-Service gemacht. Als „4Ma(h)l" bieten sie seit 15 Jahren „Leckeres vom Land". Doch neben der westfälischen Küche realisieren sie für ihre Kunden kulinarisch (fast) alles – auch Vegetarisches! Dass sie bei meinen Kürbisevents unsere Gäste mit ihren Künsten verwöhnen, ist selbstredend. Sind wir doch zum Teil auch Nachbarn. Meine Lieblingsspeise ist das Kürbis-Tiramisu an Kürbiskuchen. Und wer will, verfeinert das mit einem Schuss Kürbiskernöl! Da sag noch einer, dass Traditionsküche langweilig ist!

„Beim Kochen sind sich die Landfrauen immer einig: Lecker, individuell und professionell muss es sein und Spaß machen auch noch!"

KÜRBISSUPPE
mit fruchtig-exotischer Komponente

'Hokkaido', 'Tetsukabuto', 'Delica', 'Butternut'

ZUTATEN:
für 4 Portionen

1 mittelgroßer Kürbis
2 Äpfel
1 Zwiebel
Olivenöl zum Anbraten
Salz, Pfeffer
1 l Gemüsebrühe
halbe frische Ananas
daumengroßes Stück Ingwer
250 ml Kokosmilch
evtl. etwas Sahne
Currypulver

Zur Dekoration:
Ananas-Trauben-Spieß

ZUBEREITUNG:
Aufwand: gering

Den Kürbis samt Schale klein schneiden, zuvor Kerne und weiches Kürbisfleisch entfernen. Ebenso Äpfel und Zwiebel klein schneiden und alles zusammen in Öl andünsten. Mit Salz und Pfeffer würzen, dann Gemüsebrühe aufgießen. Ananas und Ingwer sehr klein geschnitten zugeben und alles köcheln lassen. Dann Kokosmilch dazugeben. Wenn alles weich ist, pürieren.
Je nach Konsistenz noch Brühe oder Sahne zugeben und nach Geschmack mit etwas Curry abschmecken. In kleinen Schalen servieren und mit einem Ananas-Trauben-Spieß dekorieren.

Hier die Sahne weglassen, dafür etwas mehr Gemüsebrühe nehmen.

'Butternut', 'Acorn', 'Valenciano', 'Sampson', 'Muscade de Provence'

Bunte Kartoffel-
KÜRBISPFANNE

ZUTATEN: für 8 Portionen

1 kg Gehacktes (halb Rind, halb Schwein), 2 Zwiebeln, Salz, Pfeffer, 2 Eier, 2 EL Senf, 2 EL Paniermehl, Öl zum Einfetten, 1,5 kg Kartoffeln, 3 Zwiebeln, 3-5 EL Olivenöl, 800 g Kürbisfleisch, 1-3 Knoblauchzehen, 250 g Cocktailtomaten, Zum Garnieren: 2 EL Kürbiskerne, 1 Bund Petersilie

ZUBEREITUNG: Aufwand: mittel

Gehacktes mit klein gehackter Zwiebel, Salz, Pfeffer, Eiern, Paniermehl und Senf mischen, sehr kleine Frikadellen formen. Diese auf ein gefettetes Backblech setzen und bei 200 °C ca. 15 Minuten backen. Dann vom Blech nehmen und beiseite stellen.
In der Zwischenzeit Kartoffeln schälen, vierteln, Zwiebeln in Achtel schneiden, beides mit etwas Olivenöl vermengen, würzen und auf das Blech geben. Erneut ca. 20 Minuten bei 200 °C backen.
Das Kürbisfleisch würfeln und mit klein gehacktem Knoblauch und den Cocktailtomaten unter die Kartoffel-Zwiebelmischung geben. Weitere 20 Minuten backen.
Zum Schluss Kürbiskerne unterrühren, die Frikadellen wieder zugeben und mit der gehackten Petersilie garnieren.

HERBSTSALAT

'Sucrine du Berry', 'Acorn', 'Muscade de Provence' sind zum Rohessen geeignet

ZUTATEN: für 4 Portionen

1 Portion Salat (z. B. 1 Kopf-, entsprechend Feld- oder gemischten Blattsalat), 100 g frische Champignons (braun oder weiß), 50 g getrocknete Cranberries, 1 Birne, 200-300 g Kürbisspalten, 2 EL Öl, Salz, Pfeffer, 2 EL Kürbiskerne, 1 EL Zucker, 30-50 g Parmesankäse
Fürs Dressing: 1 Birne, 1-2 EL Wasser, 1 EL süßer Senf, Salz, Pfeffer, 2 EL Kürbiskernöl, 4 EL Balsamico-Essig

ZUBEREITUNG: Aufwand: mittel

Salat putzen, waschen und in eine Schale geben. Champignons in Scheiben schneiden, Birne schälen, in feine Streifen schneiden und alles mit Cranberries darauf verteilen. Kürbisspalten in einer Pfanne mit etwas Öl kurz anbraten, würzen. Kürbiskerne leicht anrösten, mit Zucker karamellisieren, auf Pergamentpapier kalt werden lassen, evtl. anschließend mit Nudelholz trennen. Parmesankäse hobeln und drüberstreuen. Fürs Dressing weiche Birne pürieren und alles vermengen. Je nach Salat (Feldsalat welkt sehr schnell) das Dressing über den Salat geben oder extra bereitstellen. Mit Kürbisspalten und karamellisierten Kernen garnieren.

'Hokkaido', 'Delica', 'Sampson', 'Rascal', 'Butternut', 'Tetsukabuto'

Vegetarische
KÜRBIS-BOLOGNESE

ZUTATEN: für 4 Portionen

400 g Kürbis, 1 Zwiebel, 1 Knoblauchzehe, 4 EL Olivenöl, 400 ml Gemüsebrühe, 1-2 EL Aprikosenkonfitüre, Salz, Pfeffer, 1 Messerspitze Muskatnusspulver, 1 TL Currypulver, 40 g Hartkäse

ZUBEREITUNG: Aufwand: gering

Kürbis schälen, entkernen und das Fleisch würfeln. Zwiebel und Knoblauch fein hacken und beides zusammen in etwas Öl glasig dünsten, dann Kürbis zugeben, kurz mit andünsten und mit Brühe ablöschen. Bei schwacher Hitze und gelegentlichem Umrühren ca. 20 Minuten köcheln lassen. Konfitüre unterrühren, mit Gewürzen abschmecken und die Kürbis-Bolognese über gekochten Nudeln auf dem Teller anrichten und mit geraspeltem Käse bestreuen.

'Autumn Crown', 'Puccini', 'Pink Jumbo Banana'

Schwedischer KÜRBISKUCHEN

ZUTATEN:
für 12 Portionen

75 g Butter, 250 g knusprige Hafertaler, ca. 500 g Kürbis, 200 ml Wasser, 3 Eier, 100 g Zucker, 1 Pck. Vanillezucker, 1 Prise Salz, 100 ml Öl, 300 g Sahnejoghurt, 2 gestr. TL Backpulver
Für die Dekoration: Puderzucker zum Bestäuben und Kürbiskerne

ZUBEREITUNG:
Aufwand: mittel

Butter in einem Topf schmelzen, vom Herd nehmen, etwas abkühlen lassen. Hafertaler zerbröseln und mit der flüssigen Butter mischen. Alles in eine gefettete Springform geben und andrücken, ca. 30 Minuten kalt stellen. Inzwischen Kürbis entkernen, waschen und je nach Sorte Schale entfernen und würfeln. 380 g abwiegen, mit Wasser aufkochen. Zugedeckt ca. 8 Minuten garen, dann gut abtropfen und abkühlen lassen. Anschließend in einem Rührbecher mit Stabmixer pürieren. Ofen vorheizen (Ober/Unterhitze: 175 °C, Umluft: 150 °C). Inzwischen Eier, Zucker, Vanillezucker und Salz schaumig rühren. Öl unter Rühren einlaufen lassen. Joghurt und Backpulver unterrühren. Masse auf den Boden geben. Kuchen im heißen Ofen ca. 1 bis 1 ¼ Stunden backen. Kuchen evtl. nach 40 Minuten mit Alufolie abdecken. Dann Kuchen aus dem Ofen nehmen, auskühlen lassen, aus der Form lösen, mit Puderzucker bestäuben und gerösteten Kürbiskernen bestreuen.

'Autralien Butter', 'Bal Kabagi', 'Puccini', 'Flat white Boer'

TIRAMISU mit Kürbismus

ZUTATEN: für 8 Portionen

300 g Mascarpone, 200 g 40%igen Quark, 200 g Kürbisfleisch, 125 g Zucker, 1 Pck. Vanillezucker, 1 TL Ahornsirup, etwas Milch
Fürs Schichten: 400 g Löffelbiskuits, 2 Espressotassen starken Kaffee, 3 EL Kakaopulver, 1 TL Zimtpulver

ZUBEREITUNG: Aufwand: mittel

Kürbis in etwas Wasser dünsten, pürieren und mit Quark, Mascarpone, Zucker, Milch und Sirup glattrühren. Anschließend eine Lage Biskuits in eine Form schichten, mit Kaffee beträufeln und mit der Creme bedecken. Je nach Größe der Form weiter schichten. Vor dem Servieren mit Kakao- und Zimtpulvergemisch bestreuen.

PANNA COTTA mit geröstetem Kürbiskern-Krokant

ZUTATEN: für 8 Portionen

50 g Kürbiskerne, 50 g Zucker, 500 ml Sahne, 2 EL Zucker, 3 Blatt Gelatine, etwas Kürbiskernöl

ZUBEREITUNG: Aufwand: gering

Kürbiskerne in der Pfanne leicht rösten. Zucker karamellisieren, dann die Kerne dazugeben. Erkalten lassen und in kleine Stücke brechen. Sahne und Zucker aufkochen, etwas ziehen lassen und mit Gelatine binden. Etwas Kürbiskernöl unterziehen. In Weckgläschen füllen, erkalten lassen und Kürbiskrokant aufstreuen.

TEAM VON CONNIE'S DINER

Jaromir Hudec

Von Fastfood distanzieren sich die Kreativen von Connie's Diner entschieden. Sie legen Wert auf Selbstgemachtes, Authentisches und Gutes zu vernünftigen Preisen. Wenn im Herbst Hunderte von Kürbissen dem an einer großen Straßenkreuzung gelegenen Restaurant das wirklich amerikanische Gepräge geben, läuft das Team zur Hochform auf. Dann gibt's sogar Pumpkin Cake mit Cranberry Soße. Auch Halloween wird hier stilecht gefeiert, mit schaurig-schönen Gruselkostümen und überraschendem Geisterspuk. Dieser Diner ist Kult! Und unsere Kürbisse passen einfach perfekt zu Connie's American Style of life!

Amerikanisch-unkonventionell bekocht Connie's Küchenteam seit über 13 Jahren Menschen aller Altersklassen gut und lecker. Und mit Jaro Hudec kommen einmal im Jahr auch unsere Hofgäste in diesen Genuss.

KÜRBISEINTOPF
auch lecker für Zwischendurch

'Australian Butter', 'Blue Banana'

ZUTATEN:
für 10 Portionen

700 g Kartoffeln
2 Zwiebeln
1 Knoblauchzehe
500 g Kürbisfleisch
1 EL Majoran
200 g Tomaten
500 g Gemüsebrühe
1 Stange Lauch
Salz, Pfeffer

Für die Dekoration:
Streifen von Kürbisfleisch und Zucchini

ZUBEREITUNG:
Aufwand: mittel

Kartoffeln schälen, bei Bedarf kleiner schneiden und in Salzwasser ca. 25 Minuten garen. Zwiebeln und Knoblauch schälen und fein würfeln. Das Kürbisfruchtfleisch in 2 Zentimeter große Würfel schneiden. Zwiebeln, Knoblauch und Kürbis zufügen. Majoran waschen, Blättchen abzupfen und zufügen. Tomaten und Brühe zugießen. Alles zugedeckt 15 Minuten köcheln lassen. Lauch putzen, waschen und in Ringe schneiden. Weitere 10 Minuten garen. Mit Salz und Pfeffer würzen.

Dieser Eintopf schmeckt auch aufgewärmt und lauwarm.

KÜRBIS-RELISH ZUM HOTDOG

'Sweet Grey', 'Everest F1', 'Sampson', 'Flat white Boer'

ZUTATEN:
für 8 Portionen

8 Stück Rinderwürstchen

8 Hotdog-Brötchen

Senf nach Belieben

Ketchup nach Belieben

300 g Kürbisfleisch

500 g Gewürzgurken

500 ml Kräuteressig

1 kg Paprikaschoten in Gelb und Rot

1 kg Zwiebeln

700 g Zucker

2 EL Pfeffer

etwas Öl

ZUBEREITUNG:
Aufwand: mittel

Für das Relish Kürbisfleisch, Gurken, Paprika und Zwiebeln würfeln, alles nacheinander mit etwas Öl in der Pfanne anbraten. Dann in einen großen Topf füllen, Essig und Zucker zugeben und 20 Minuten köcheln lassen. Pfeffer zugeben und weitere 10 Minuten kochen lassen.
Dann die Rindswürste in der Pfanne in heißem Fett bei mittlerer Hitze braten. Die Brötchen auf dem Brötchenaufsatz des Toasters kurz erwärmen, dabei aber nicht knusprig werden lassen! Brötchen längs aufschneiden und in jedes eine Rindswurst legen, Relish auf der Wurst verteilen und mit Senf und Ketchup bestreichen.

'Acorn'-Sorten, 'Baby Boo', 'Mandarin'

ZUTATEN:
für 4 Portionen

1 kg Kürbisfleisch
150 ml Milch oder Sahne
100 g Weizen- oder Dinkelmehl
0,5 TL Kräutersalz
etwas Pfeffer aus der Mühle
1 Knoblauchzehe
1 EL Schnittlauch
1 l Oliven- oder Frittieröl

ZUBEREITUNG:
Aufwand: mittel

Kürbis säubern, von Kernen befreien, Kürbisfleisch mit der Schale (bei weichen Sorten) in 1 bis 1,5 breite Spalten oder pommes-ähnliche Formen schneiden. Dann Milch, Mehl und die Gewürze verrühren. Öl zum Sieden bringen, die Kürbisstücke durch die Gewürz-Mehl-Milch ziehen und in das siedende Fett geben. Wenn sie goldbraun sind nach ca. 3 bis 5 Minuten mit der Schaumkelle herausschöpfen und auf einem Küchenpapier abtropfen lassen.

KÜRBIS-POMMES

PUTEN-KÜRBIS-ROULADE

mit fruchtiger Gemüsefüllung

'Butternut', 'Autumn Crown', 'Bal Kabagi'

ZUTATEN:
für 4 Portionen

4 Putenschnitzel, gleichmäßig geschnitten
Salz, Pfeffer

Für die Füllung:
100 g Äpfel
100 g Kürbisfleisch
50 g Zwiebeln
50 g Staudensellerie
5 g Oregano
5 g Petersilie
1 EL Öl
1 EL Butter

ZUBEREITUNG:
Aufwand: hoch

Das Fleisch unter Folie vorsichtig plattieren, dabei nicht die Fleischfasern verletzen. Mit Salz und Pfeffer würzen. Im Topf oder einer Pfanne den gewürfelten Kürbis, Sellerie, Zwiebeln und Äpfel langsam anbraten bis alles weich ist, würzen und auf das Fleisch geben, dieses zu Rouladen rollen, mit Holzpieksern oder Bratenschnur fixieren. Butter und Öl in einer Kasserolle erhitzen und die Rouladen von beiden Seiden scharf anbraten.
Als Soße: Füllungsrest mit Sahne strecken und etwas abschmecken.

Ein Hauptgericht, das immer gut ankommt!

KÜRBISWAFFELN

mit Kürbisschokolade – ein Gedicht

'Butternut', 'Delica', 'Autumn Crown', 'Longue de Nice'

ZUTATEN:
für 5 Portionen

Für die Waffeln:
- 250 g Kürbisfleisch
- 4 Eier
- 100 g Butter
- 100 g Zucker
- 1 Prise Salz
- 100 ml Sahne
- 100 ml Mineralwasser
- 250 g Mehl
- 0,5 TL Backpulver
- Öl fürs Waffeleisen

Zur Dekoration:
- Puderzucker zum Bestäuben

Für die Schokolade:
- 500 ml Milch
- 250 g Kürbis
- 0,5 TL Zimtpulver
- 0,5 TL Ingwerpulver
- 250 g Vollmilchschokolade
- 2 EL Pudding zum Andicken

ZUBEREITUNG:
Aufwand: mittel

Für die Waffeln Kürbisfleisch raspeln. Dann pürieren. Eier, Butter, Zucker und Salz schaumig rühren. Sahne und Mineralwasser hinzufügen und weiterrühren. Mehl und Backpulver dazusieben und alles zu einem glatten Teig verrühren. Zuletzt die Kürbisraspeln unterheben. Anschließend mit 2 EL Teig knusprige Waffeln backen und mit Puderzucker bestäuben.

Dann für die Schokolade den Kürbis schälen, entkernen, in Stücke teilen und in etwas Wasser weich kochen. Das Kochwasser wegschütten und den Kürbis fein pürieren. Die Milch zusammen mit dem Kürbispüree und den Gewürzen in einem Topf erhitzen, aber nicht kochen lassen. Den Topf vom Herd nehmen und die in Stücke gebrochene Schokolade hinzufügen. So lange rühren, bis die Schokolade geschmolzen ist. Soße über die frisch gebackenen Waffeln geben und sofort servieren.

Die Schokoladensoße hat ein weihnachtliches Aroma. Wer das nicht mag, lässt einfach das Zimt weg.

ULLI NEUMANN
vom Landgasthaus Schulze Beckinghausen

Ob Wildkräuter, essbare Blüten oder vergessene Gemüse, Ulli erweckt sie alle zu genussreichem Leben. Sein Landgasthaus im Fachwerkstil ist Kneipe, Genussrestaurant, geselliger Treff-, sowie dörflicher Dreh- und Angelpunkt gleichermaßen. An seiner Theke aus dem Jahr 1962 kommen Facebook-Jugend, Shopping-Queens und Silver Ager zusammen. Hier kennt jeder jeden. Selbstredend, dass ich Ulli bat, unsere Kürbisevents mit seinen Kreationen zu bereichern. Und so begeistert der passionierte Westfale mit seiner west- und ostpreußischen Natur und der Liebe fürs Regionale, Bodenständige und Originale alle Jahre wieder unsere Kürbisfans.

Er findet Kürbisgerichte „saumäßig lecker", weil sie Fleisch erst gar nicht vermissen lassen. Das Lieblingsgericht von Ulli: „Chili con Kürbis"!

CHILI CON KÜRBIS

'Gabor', 'Winter Luxury', 'Pink Jumbo Banana', 'Long Island Cheese'

Mein Tipp: Ein Hauch Sternanis verleiht dem Ganzen einen raffinierten Unterton.

ZUTATEN: für 4 Portionen

200 g Reis, 600 g Gemüse (Kürbis, Paprika, Zucchini, Auberginen), 2 Zwiebeln, 4 EL Olivenöl, 3 Knoblauchzehen, 1 l Gemüsebrühe, 1 kleine Dose Tomaten, 1 kleine Dose Mais, 1 kleine Dose Kidneybohnen, Salz, Chilipulver, 2 EL Paprikamark, Zur Dekoration: geraspeltes Kürbisfleisch

ZUBEREITUNG: Aufwand: gering

Reis kochen, Frischgemüse in Würfel schneiden. Dann fein gewürfelte Zwiebeln und gehackten Knoblauch in Öl glasig werden lassen. Mit Chilipulver und Paprikamark anschwitzen und Gemüsebrühe ablöschen. Unter Rühren zum Kochen bringen, gewürfeltes Frischgemüse zugeben und ca. 8 Minuten garen. Dann Dosengemüse und den Reis zugeben. Nochmals ca. 5 Minuten köcheln lassen. Zum Schluss abschmecken, in ausgehöhlten Kürbis füllen, mit Kürbisraspeln bestreuen und servieren.

'Tetsukabuto', 'Delica', 'Hokkaido'

ZUTATEN: für 12 Muffins

350 g Kürbisfleisch, 1 EL Butter, Salz, 6 Salbeiblätter, 100 g Schinkenspeck, 250 g Mehl, 2 TL Backpulver, 2 Prisen Zucker, Muskatnusspulver, 60 ml Pflanzenöl, 20 ml Kürbiskernöl, 2 Eier, 200 g Buttermilch
zur Dekoration: Streifen von der Kürbisschale

ZUBEREITUNG: Aufwand: mittel

Die Formen des Muffinblechs einfetten oder zwölf Papierförmchen (jeweils doppelt ineinander gesetzt) auf ein Backblech stellen. Von der Kürbisschale einige Streifen aufbewahren. Kürbisfleisch würfeln und in heißer Butter etwa 5 Minuten anschwitzen. Gehackte Salbeiblätter und Salz zugeben. Mehl, Backpulver, Zucker und Muskatpulver mischen. Beide Ölsorten mit Eiern und Buttermilch verschlagen. Mehlmischung unter die Buttermilchmasse rühren. Kürbismasse und den gewürfelten Schinkenspeck unter den Teig heben, diesen in die Muffinförmchen füllen. Jeweils mit einem Streifen Kürbisschale verzieren und ca. 20 Minuten im vorgeheizten Backofen bei 175 °C backen. Anschließend warm oder auch kalt servieren.

SCHINKEN-KÜRBIS-MUFFINS

KÜRBIS-BORSCHTSCH
das Traditionsgericht Russlands variiert

'Sampson', 'Everest', 'Bal Kabagi'

ZUTATEN:
für 10 Portionen

3 l Fleisch- oder Gemüsebrühe
200 g Kürbisfleisch
100 g Zwiebel
100 g Möhren
100 g Sellerie
100 g Kartoffeln
200 g Weißkohl
200 g Rote Beete
Lorbeerblätter
2-3 Nelken
5 Wacholderbeeren
4 Knoblauchzehen
4 EL Tomatenmark

zur Dekoration:
1 EL Saure Sahne pro Portion

ZUBEREITUNG:
Aufwand: mittel

Kürbis und Gemüse würfeln bzw. Kohl in feine Streifen schneiden. Alles ca. 20 Minuten in der Brühe kochen. In einer Pfanne Zwiebeln und Knoblauch in Öl glasig schwitzen. Tomatenmark hinzufügen. Bei geringer Hitze reduzieren lassen. Alles aus der Pfanne in die Brühe geben und verrühren. Suppe in Schalen geben und mit je 1 EL Saure Sahne dekorieren.

Statt Saure Sahne zum Schluss Hafersahne nehmen und Gemüsebrühe einsetzen.

KÜRBIS-APFELKUCHEN

auf russische Art

'Autumn Crown', 'Butternut' und ähnliche Sorten

ZUTATEN:
für 15 Portionen

400 g Kürbisfleisch
400 g Äpfel
4 EL Rum
250 g Butter
250 g Zucker
1 Pck. Vanillezucker
4 Eier
1 TL Zimtpulver
250 g Mehl
1 Pck. Backpulver
150 g Mandeln
50 g Schokoladenflocken

ZUBEREITUNG:
Aufwand: mittel

Äpfel und Kürbis schälen, Kerngehäuse entfernen. Fruchtfleisch grob raspeln und mit dem Rum in einer Schüssel vermengen. Butter, Zucker, Vanillezucker und Eier schaumig rühren. Mehl, Zimtpulver, Backpulver, gemahlene Mandeln und Schokoladenflocken unter die schaumige Masse arbeiten. Die Kürbis-Apfelmasse mit dem Teig vermengen. Alles auf gefettetem Backblech verteilen. Bei 175 °C im vorgeheizten Backofen ca. 45 Minuten backen. Vor dem Servieren auskühlen lassen.

Statt Butter und Eier Magarine bzw. veganen Ei-Ersatz nehmen.

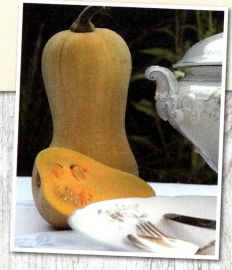

KATJA VOGT

vom Refugio aus Unna

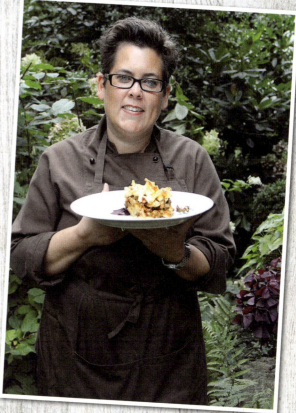

Dass die gelernte Diplom-Kauffrau an Halloween mit Töchterchen Eva-Lotta unkenntlich und gruselig verkleidet durch die Gassen zieht, habe ich erst nicht glauben wollen. Doch sie hat sich schon immer für den Kürbis mit seinen Traditionen begeistern können. Seit sie meine Kürbissortenvielfalt kennen und kulinarisch schätzen gelernt hat, gibt's ihre ambitionierten Kreationen nun auch im „Refugio" in Unna. Mit Bistro, Vinothek und Feinkostgeschäft hat sich die Aussteigerin und passionierte Köchin dort zusammen mit Ehemann Christian Plischke einen Lebenstraum erfüllt. Seitdem ist sie eine feste Größe in meinem kulinarischen Eventprogramm.

Kürbis ist nicht gleich Kürbis. Die vielen unterschiedlichen Geschmacksrichtungen der Kürbissorten vom Liggeshof faszinieren die Gastronomin aus Leidenschaft.

KÜRBIS-LIMETTEN-SÜPPCHEN
mit einem Hauch indischer Gewürzvielfalt

'Pink Jumbo Banana'

ZUTATEN:
für 6 Portionen

ca. 2 kg Kürbis
400 g Crème fraîche
4 EL Gemüsebrühe
4 EL brauner Zucker
2 TL Zitronenmyrte
(alternativ Limettensaft)
4 großzügige Prisen Salz
1 Zwiebel
2 TL Garam Masala
(indische Gewürzmischung)
1 EL Shrimps pro Person

Zur Dekoration:
Essbare Blüten z. B. Kornblume

ZUBEREITUNG:
Aufwand: mittel

Kürbis schälen, in Stücke schneiden und im Topf etwas mit Wasser bedecken und zusammen mit klein geschnittener Zwiebel und Gemüsebrühe erhitzen. Ca. 20 Minuten köcheln lassen. Dann alles pürieren. Die übrigen Zutaten dazugeben und abschmecken. In vorgewärmte Teller je 1 EL Shrimps geben, Suppe auffüllen und mit den Blüten dekorieren.
Alternativ: Mozzarella in Limettenöl marinieren, mit Basilikumblättern auf einen Holzspieß stecken, diesen auf den Tellerrand legen und servieren.

In kleinen, ausgehöhlten Kürbishälften mit Zackenrand serviert, wird's zum Knaller!

FRANZÖSISCHE KÜRBIS-QUICHE

'Autumn Crown',
'Long Isand Cheese'

ZUTATEN: für eine mittlere Tarte-Form

Für den Teig: 300 g Mehl, 200 g kalte Butter, 1 Ei, 1 gestr. TL Salz,
Für den Belag: ca. 200 g Kürbisfleisch, entkernt und geschält, 200 g Zwiebeln, 200 g Schinkenwürfel, 1 Apfel, 1 TL Garam Marsala (indische Gewürzmischung), 1 Prise Salz, 1 Bund Petersilie, 200 g Edamer-Käse, 250 g Sahne, 4-5 Eier, Pfeffer

ZUBEREITUNG: Aufwand: gering

Mehl auf die Arbeitsfläche geben, Butter in Flocken, Salz und das Ei dazugeben und rasch zu einem geschmeidigen Teig verkneten. In Folie wickeln und 30 Minuten kühl stellen. Für den Belag Kürbis grob raspeln, Zwiebeln hobeln und beides mit den Schinkenwürfeln, den Gewürzen, der gehackten Petersilie und dem geraspelten Apfel vermengen. Die Eier mit Sahne und Pfeffer verquirlen und den geraspelten Käse unterheben.
Nun den Teig zwischen zwei Lagen Backpapier dünn ausrollen und in eine Tarte-Form geben. Kürbis-Schinken-Gemisch darauf verteilen, Eier-Käse-Sahne-Soße drübergießen und die Form im vorgeheizten Backofen bei 220 °C Umluft ca. 20 Minuten backen. Mit Petersilie bestreut warm servieren.

ZUTATEN:
für 6-8 Portionen

- 1 kg Kürbis
- 400 g Pfifferlinge
- 500 g Maccaroni
- Olivenöl zum Anbraten
- 600 ml Sahne
- 110 g sonnengereifte Tomaten
- ca. 3 mittelgroße Zwiebeln
- 1 TL Meersalz
- 1 Bund Blattpetersilie
- 1,5 TL Mallorquinischer Kräutergarten (mediterrane Gewürzmischung)
- ca. 200 g geriebener Edamer-Käse

ZUBEREITUNG:
Aufwand: gering

Nudeln kochen, Kürbis in Scheiben schneiden. Pfifferlinge, Kürbisscheiben und Zwiebeln nach und nach in einer Pfanne mit Olivenöl andünsten. Alles zusammen mit Salz, gehackten Tomaten und Petersilie in einer Schüssel vermengen. Dann die Hälfte der Nudeln in eine gefettete Auflaufform geben, Pfifferling-Kürbis-Mischung darauf verteilen und zweite Nudelschicht auffüllen. Geriebenen Käse und die mit der Sahne vermengte Gewürzmischung darüber geben. Im Backofen bei mittlerer Hitze erwärmen, bis der Käse eine leichte Bräunung hat.

vegan – Statt Sahne und dem Käse nehmen Sie Sojaschlagcreme und Tofu.

'Baby Boo'

PIKANTER AUFLAUF MALLORQUINISCHER ART

SPANISCHE KÜRBIS-FRITTATA

aus dem Kochbuch meiner Mutter von 1908

'Long Island Cheese', 'Sweet Grey', 'Valenciano'

ZUTATEN:
für beliebig viele Portionen

- Kürbis
- Kartoffel 'Blauer Schwede'
- Frühmöhren
- Zwiebeln
- Eier
- Curry Maharadja
- Kräutersalz
- Öl zum Andünsten

ZUBEREITUNG:
Aufwand: gering

Die Mengen selbst nach Belieben zusammenstellen. Hauptsache, es sieht schön bunt aus! Hier wurden Kartoffeln und Kürbis zu gleichen Teilen verwendet. Gemüse in gleich große Stücke schneiden und in Öl al dente dünsten. Alles in eine Auflaufform geben. Eier mit Salz und Curry verquirlen, kräftig abschmecken und übers Gemüse geben. Es sollte so viel Eimasse sein, dass das Gemüse in der Form soeben bedeckt ist. Bei 160 °C Umluft im Backofen Eimasse stocken lassen. Schmeckt warm oder kalt serviert!

Statt der verquirlten Eier nehmen Sie pürierten Seidentofu.

KÜRBIS-MIRABELLEN-KOMPOTT
das Topping für alle cremigen Süßspeisen

'Sucrine du Berry', 'Muscade de Provence'

ZUTATEN:
für 8–10 Portionen

500 g süß-fruchtiges Kürbisfleisch

65 g braunen Zucker

180 ml Orangensaft

300 g Mirabellen
(alternativ Pfirsich oder Apfel)

1 TL Zitronenmyrte
(alternativ Limettensaft)

1 TL Quatre Espice
(französische Gewürzmischung mit Zimt und Sternanis)

ZUBEREITUNG:
Aufwand: gering

Kürbisfleisch würfeln und mit Zucker und Orangensaft 3 Minuten kochen. Entkernte Mirabellen (oder die anderen Früchte) dazugeben und weiter köcheln lassen bis sich alles leicht mit einem Stampfer zu Mus stampfen lässt. Mit Zitronenmyrte und Gewürzmischung abschmecken. Kann warm oder kalt serviert werden und schmeckt besonders gut als Topping zu Puddings, Panna Cotta oder ähnlichen Süßspeisen.

In Gläschen serviert, macht's besonders viel her!

Das Team vom
SPORTCENTRUM KAMEN-KAISERAU

Im Spitzensport gibt das Sportcentrum Kamen den Ton an. Auch in Sachen Sportlernahrung. Dabei hat sich der kulinarische Spiritus Rector und Küchenchef Christoph Pech im Rahmen der neu entwickelten Sporternährungslinie von unserer Speisekürbisvielfalt inspirieren lassen und alte und neue Kürbissorten mit auf den Speisenplan gesetzt. Bei unseren Events präsentiert er seine eigens entworfenen Kürbisgerichte und wird unterstützt von Carsten Jaksch-Nink, Direktor der Sportschule und nebenbei passionierter Hobbykoch. Zusammen begeistern sie sich für die wiederentdeckten „alten" Gemüsesorten. Den Kürbis schätzen sie besonders wegen seiner diätischen wie auch geschmacklichen Qualitäten. Ganz sportlich heißt es also dann bei uns schon bald wieder: Liebes Küchenteam vom Sportcentrum, an die Herdplatte, fertig – los!

Bunt und gesund ist hier die Devise. Wenn's um den Kürbis geht, haben die „leichten", vitaminreichen Gerichte die Nase vorn.

KÜRBISBROT

herzhaft, knackig, lecker

'Hokkaido'

ZUTATEN:
für 1 Brot

500 g Kürbisfleisch
1 kg Weizenmehl
200 g Butter
120 g Zucker
30 ml Vollmilch
25 g Jodsalz
50 g Frischhefe

zur Dekoration:
Kürbiskerne, Maisgranulat, Sesamkörner

ZUBEREITUNG:
Aufwand: mittel

Kürbis entkernen, mitsamt der Schale würfeln und mit wenig Wasser musig kochen. Frischhefe mit leicht erwärmter Milch und Zucker verrühren und zum Mehl geben. Verkneten, den Hefeteig dann ca. 20 Minuten an warmem Ort ruhen lassen. Dann das gut abgetropfte und abgekühlte Kürbismus unterkneten und wiederum zum geschmeidigen Teig verkneten. Nochmals gehen lassen, dann in eine gefettete Form füllen und im vorheizten Ofen bei 180 °C Umluft ca. 45 Minuten backen.

*Einfach und lecker!
Ob mit Brotaufstrich oder nur Butter,
hier schmeckt man die ganze Köstlichkeit
des Kürbisses!*

KÜRBIS-CHUTNEY
fürs Zanderfilet mit Kürbispuffer und Pflücksalat

'Pink Jumbo Banana'

ZUTATEN:
für 6 Portionen

Für das Chutney:
- 500 g Kürbisfleisch
- 1 Mango
- 250 ml Mangosaft
- 2 kleine Zwiebeln
- ca. 2 EL Öl
- 1 Messerspitze Chilipulver
- 4-5 Minzblätter

Für den Pflücksalat:
- 200 g Pflücksalat, Wildkräuter- bzw. gemischte Blattsalate
- 100 ml Rinderbrühe
- 25 ml Pflaumen-Balsamico
- 50 ml Öl
- 1 TL Limettensaft
- 0,5 TL Honig
- 100 g Kürbisfleisch
- 0,5 TL Kartoffelstärke

Für das Zanderfilet:
- 750 g Zanderfilet
- 1 EL Rapsöl
- 4 EL Gemüsebrühe
- 1 Prise Salz

Für die Kürbispuffer:
siehe nächste Seite

ZUBEREITUNG:
Aufwand: mittel

Für das Chutney Kürbis schälen, entkernen und in grobe Stücke schneiden. Ebenso mit der Mango verfahren. Feingeschnittene Zwiebeln in etwas Öl anschwitzen, Kürbis- und Mangowürfel dazugeben und kurz dünsten. Mit Mangosaft und Gemüsebrühe auffüllen und alles langsam einköcheln lassen. Würzen, anschließend pürieren und kalt stellen.

Für das Salatdressing die Brühe mit dem Balsamico der Hälfte des Kürbisses aufkochen lassen, mit einem Stabmixer aufschäumen, nochmal leicht köcheln lassen, dann mit etwas angerührter Kartoffelstärke abbinden, dass die Soße sämig wird. Öl und Zitrone zugeben, Honig ins lauwarme Dressing geben und abkühlen lassen. Den Salat verlesen, waschen, die andere Kürbishälfte zu Spänen hobeln, vermischen und das Dressing über den Salat geben. Zanderfilet in drei gleich große Stücke schneiden, auf der Hautseite in heißem Öl anbraten bis ein hellbrauner Rand am Filet zu sehen ist, dann wenden und bei ausgeschaltetem Herd in warmer Pfanne ca. 2 bis 3 Minuten nachziehen lassen. Würzen und zusammen mit dem Chutney sofort servieren.

Mein Tipp: Wie bei Konfitüre das Chutney heiß in ausgekochte Deckelgläser füllen und verschließen. So hält's eine gewisse Zeit.

KÜRBIS-PUFFER MIT GORGONZOLA

'Buttercup', 'Delica'

ZUTATEN:
für 6 Portionen

500 g Kürbisfleisch
500 g Kartoffeln (mehlige Sorte)
Salz, Pfeffer
50 g Gorgonzola
2 Eier
2 EL Vollkornmehl
1 EL Quinoa
1 kleine Zwiebel

ZUBEREITUNG:
Aufwand: mittel

Quinoa in etwas Wasser einweichen. Kürbis schälen, entkernen und reiben. Mit gekochten und zerdrückten Kartoffeln, Eiern und Mehl zu einem Teig verarbeiten, Käse und eingeweichte Quinoa hinzufügen und in heißem Fett in der Pfanne zu Puffern ausbacken.

Mein Tipp: Ist eine ideale Beilage zum Wildkräutersalat oder zu Fleisch- und Fischgerichten, Räucherlachs oder Schinken.

'Tetsukabuto'

ZUTATEN:
für 6 Portionen

- 500 g Magerquark
- 300 g Kürbisfleisch
- 0,5 EL Petersilie
- 0,5 EL Schnittlauch
- 1 TL Zitronensaft
- Salz, Pfeffer
- 2 EL Sahne
- evtl. etwas Ingwer

ZUBEREITUNG:
Aufwand: gering

Kürbis zerteilen, entkernen und in feine Späne reiben. Mit Quark und allen Zutaten verrühren. Zitrone soll den fruchtigen Kürbisgeschmack unterstützen, fein gehackten Ingwer nach Belieben dazugeben. Vor dem Servieren ca. 2 Stunden durchziehen lassen.

vegan

Ersetzen Sie Quark und Sahne durch Seidentofu und Hafersahne.

KÜRBIS-KRÄUTER-QUARK

TEAM THERMOMIX

Sarah Tautz und Birgit Schütter-Wowerus

Dass auch der Kürbis alles unproblematisch mitmacht, das beweist Sarah Tautz (links im Bild mit Kollegin Birgit Schütter-Wowerus) mit ihrem Alleskönner, dem Thermomix. Rein damit, zweimal an und aus und schon kommt das Gericht wieder heraus. Schnell ist aufgetischt – und lecker obendrein! Selbst Skeptiker und die Immer-am-Alten-Hängenden machten gute Mine zum turboschnellen Mixerspiel. Von Suppe, über Hauptgericht bis zum Salat oder Creme bis Kuchen, hier sind auch die modernen Hausfrauen gut beraten. Diese Kürbisgerichte konnten jedenfalls unsere Hofgäste begeistern.

So ist der Kürbis auch was für Frauen mit wenig Zeit fürs Kochen. Im Thermomix geht's fix – und fertig ist der Kürbismix!

KÜRBISSUPPE MIT INGWER

aus dem Thermomix, das geht fix

alle Speisesorten

ZUTATEN:
für 4 Portionen

600 g Kürbis in 5 x 5 cm Stücke

5 Scheiben Ingwer

600 g Wasser

1 TL Brühepulver

200 ml Sahne

1 EL Sojasoße

1 EL Zitronensaft

0,5-1 TL Currypulver

Salz, Pfeffer nach Geschmack

ZUBEREITUNG:
Aufwand: gering

Kürbis ggf. schälen, entkernen, grob würfeln. Mit den Ingwerscheiben in den Mixtopf geben. Zusammen 5 Sekunden/Stufe 6 zerkleinern. Wasser und Brühepulver zufügen, 12 Minuten/100 °C/Stufe 2 kochen lassen. Zum Schluss Sahne und Gewürze zugeben und 20 Sekunden/Stufe 9 pürieren.

Durch die Verwendung unterschiedlicher Sorten verändert die Suppe ihren Geschmack und das „farbliche" Aussehen:

Tetsakabuto: dunkelgrün

Hokkaido: orange-rot

Flat White Boer: gelblich

KÜRBISSALAT

'Sucrine du Berry', 'Fairytale', 'Mini Musk'

ZUTATEN:
für 4 Portionen

300 g Kürbis (5 x 5 cm Stücke)
100 g Möhren
150 g Radieschen
1 Apfel
1-2 EL Schmand
10 g Zitronensaft
0,5 TL Senf
0,5 TL Honig
Salz, Pfeffer

ZUBEREITUNG:
Aufwand: gering

Kürbis entkernen, ggf. mit Schale grob würfeln. Mit den restlichen Zutaten im Thermomix wiegen und 6 Sekunden/Stufe 5 zerkleinern.

Einfach den Schmand durch Seidentofu und den Honig durch Agavendicksaft ersetzen

ZUTATEN:
für 4 Portionen

- 1 kleine Zwiebel
- 1 EL Butter
- 200 g Kürbisfleisch
- 120 g Butter
- 0,5 TL Salz
- 0,5 TL Oregano
- 1 TL Thymian
- 1 Messerspitze Pfeffer
- 80 g Tomatenmark

ZUBEREITUNG:
Aufwand: gering

Zwiebel schälen und 4 Sekunden/Stufe 5 zerkleinern. Butter zugeben, 2 Minuten/100 °C/Stufe 2 andünsten. Kürbis grob würfeln, in den Mixtopf geben und 5 Sekunden/Stufe 5 zerkleinern. Restliche Zutaten zufügen und 10 Minuten/90 °C/Stufe 3 aufkochen. Wer es gerne feiner wünscht, darf gerne pürieren. Als Tipp: 20 Sekunden/Stufe 5. Fertig.

vegan — Nehmen Sie statt der Butter vegane Butter oder Margarine

'Hokkaido', 'Blue Banana', 'Winter Luxury', 'Tetsukabuto', 'Butternut'

KÜRBIS-BROTAUFSTRICH

JÖRG BLANKENSTEIN
von Rucksack-Reisen/Eventcatering

Der Autodidakt und Koch aus Leidenschaft ist immer wieder für Überraschungen gut! Bei ihm entstehen die Ideen spontan. Insofern weiß ich auch nie im vorhinein, was uns Jörg Blankenstein auftischen wird. Er kommt, geht über unsere Deele, greift sich nach Lust und Laune Kürbisse heraus, die ihm Spaß machen oder die er noch nicht kennt, und kredenzt bereits kurze Zeit später Genussvolles. Aktion ist bei ihm Programm: Wenn er im Wok kocht, das Kochen als Show gestaltet und unsere Besucher des Kürbishofes, zusammen mit Andrea Poleratzki, mit traditionellen Gerichten und deren Geschichten aus aller Welt in seinen Bann zieht.

Dieser Eventkoch lässt sich auch buchen. Dann zaubert der ewig Vergnügte auch Zuhause Überraschendes!

BÖREK AUF DEM BACKBLECH

mehlige Kürbissorte wie 'Tetsukabuto'

ZUTATEN: für 4–6 Portionen
Teigblätter (Yufka) (aus dem türkischen Lebensmittelgeschäft), 200 g türkischer Feta-Käse (Ziege oder Schaf), 200 g geriebener, milder Käse, 250 g Kürbisfleisch, 3 Eier, 220 ml Milch, 125 g Butter, 1 Handvoll glatte Petersilie, 1 Handvoll Dill, Salz, Pfeffer, 1 TL Chili (z. B. Pul Biber – türkische Chilimischung), Schwarzkümmel, 1 Eigelb, Öl zum Einfetten

ZUBEREITUNG: Aufwand: hoch

Für die Füllung Kürbisfleisch gar kochen und abkühlen lassen. Dann Feta hinein bröckeln, die gehackten Kräuter dazugeben und alles mit einer Gabel zerdrücken. Würzen. Für die Soße die Butter in einem Topf schmelzen und Milch hinzufügen. Etwas abkühlen lassen und die drei Eier unterrühren. Backblech mit Öl einpinseln und ein ganzes, großes Yufkablatt vorsichtig darauflegen, dabei Ränder überstehen lassen. Dann einige Esslöffel Soße darauf verstreichen und ein weiteres Teigblatt in Backblechgröße ohne überstehenden Rand auflegen. Diese Schicht wieder mit etwas Soße bestreichen. So mit ca. vier Schichten Yufka fortfahren. Dann die Kürbis-Käse-Füllung gleichmäßig verteilen, den geriebenen Käse darüberstreuen und mit zwei bis vier Schichten Yufka und Soße abschließen. Nun die Ränder vorsichtig darüber klappen, das oberste Teigblatt mit Eigelb bestreichen und mit Schwarzkümmel bestreuen. Bei 180 °C (Ober-/Unterhitze) im Backofen etwa 30 Minuten backen.

ZUTATEN:
für ca. 500 ml Dip

250 g Kichererbsen aus der Dose
250 g Kürbisfleisch
2 Knoblauchzehen
2 TL Olivenöl
3 TL Zitronensaft
4 TL Sesampaste
(Tahin – türkische Sesampaste)
1 TL Salz
1 TL Kreuzkümmel
1 TL Paprikapulver, edelsüß
1 TL Chiliflocken (oder Pul Biber – türkische Chilimischung)

ZUBEREITUNG:
Aufwand: gering

Die Kichererbsen abtropfen lassen, nach Wunsch einige für die Garnitur zurückbehalten, das Abtropfwasser auffangen. Den Kürbis weich kochen. Knoblauch mit Salz im Mörser zerreiben. Dann alle Zutaten mit dem Passierstab pürieren. Wenn das Mus zu fest sein sollte, etwas von dem aufgefangenen Kichererbsenwasser dazugeben, damit es die ungefähre Konsistenz von Kartoffelpüree hat.

'Tetsukabuto', 'Butternut'

KÜRBIS-HUMMUS AUF TÜRKISCHE ART

GEFÜLLTER KÜRBIS
auf südafrikanische Art

'Everest', 'Sweet Grey'

ZUTATEN:
für 6 Portionen

- 1 Kürbis
- 1 kg Rinder- oder Lammhackfleisch
- 2 Zwiebeln
- 0,5 TL Currypulver
- 0,5 TL Chiliflocken (oder Pul Biber - türkische Chilimischung)
- Öl zum Anbraten
- 250 ml Milch
- 2 Scheiben Weißbrot
- 1 Handvoll Rosinen
- 1 EL Trockenobst
- 0,5 EL Datteln
- 1 EL Mandeln
- 2 EL Zitronensaft
- 2 Eier
- Butterfett
- 2 Lorbeerblätter
- Salz
- 2 Bananen

ZUBEREITUNG:
Aufwand: hoch

Den Kürbis waschen und einen Deckel abschneiden. Die Kerne und das wattige Innere entfernen, anschließend im Backofen bei ca. 175 °C Umluft ca. 30 Minuten backen bis er weich ist. Währenddessen das Weißbrot in ein wenig Milch einweichen und ausdrücken. Zwiebeln hacken, mit dem Hackfleisch scharf anbraten und mit Salz, Chili und Curry würzen. Gehacktes Trockenmischobst, Datteln, Rosinen, Zitronensaft und gehackte Mandeln dazugeben und mit dem eingeweichten Weißbrot vermengen. Erneut würzen und abschmecken. Wasser, das sich im Kürbis gebildet hat, abgießen, die Masse in den Kürbis geben. Die Eier mit der restlichen Milch verquirlen, über die Masse gießen. Die Bananen schälen, längs halbieren und auf den Auflauf legen. Die Lorbeerblätter zwischen die Bananen legen. Den Kürbisdeckel wieder auflegen und bei 180 °C ca. 60 Minuten im Ofen backen.

KÜRBISSALAT

ZUTATEN: für 4 Portionen

500 g Kürbisfleisch, 3 EL Honig, 1-2 EL Sonnenblumenöl, 1-2 EL Zitronensaft, Salz, Pfeffer

ZUBEREITUNG: Aufwand: gering

Kürbisfleisch mit der Küchenmaschine raspeln. Die Zutaten mit dem geraspelten Kürbis vermengen, etwas ziehen lassen und abschmecken.

Ersetzen Sie den Honig mit Agaven- oder Birnendicksaft.

feste Sorten wie: 'Sucrine du Berry', 'Mucarde de Provence', 'Butternut', 'Acorn', 'Sampson'

BALSAMICO-KÜRBIS-DRESSING

ZUTATEN: für 1 l Dressing

250 ml Balsamicoessig, 200 g Kürbismarmelade, 1 TL Senf, Salz, Pfeffer, 400 ml Olivenöl, 100 ml Kürbiskernöl

ZUBEREITUNG: Aufwand: gering

Alle Zutaten bis auf das Öl gut vermischen. Dann das Öl in feinem Strahl unter Rühren mit dem Schneebesen dazugeben.

SENF-KÜRBIS-DILL-SOSSE

ZUTATEN: für 500 ml Dressing

500 g Mayonnaise, 100 g Kürbismarmelade, 3 EL scharfen Senf, 2 EL getrockneten Dill, 2 EL Crème fraîche

ZUBEREITUNG: Aufwand: gering

Alle Zutaten gut vermischen. Fertig.

BALSAMICO-KÜRBIS-CHUTNEY

ZUTATEN: für 1 l Chutney

1 kg Kürbisfleisch, 750 ml Apfelsaft, 2 rote Zwiebeln, 2 Knoblauchzehen, 1 Rosmarinzweig, 1 Chilischote, 1 TL Senfkörner, 3 Stückchen Piment, 1 EL Öl, 300 ml Balsamicoessig, 320 g Hagebuttenmarmelade, 1,5 TL Salz, 3 EL Kürbiskerne, frisch gemahlenen Pfeffer

ZUBEREITUNG: Aufwand: mittel

Kürbisfleisch in 2 cm große Würfel schneiden. Zwiebeln fein würfeln, Knoblauch zerdrücken, Chili ohne Kerne fein hacken. Senf- und Pimentkörner im Mörser grob zerstoßen. Dann Öl in einem großen Topf erhitzen, Zwiebeln glasig dünsten, Gewürze hinzugeben, kurz mit dünsten, bis sie anfangen zu duften. Restliche Zutaten zugeben und unter Rühren bei mittlerer Hitze etwa 30 bis 40 Minuten weich einkochen lassen. Immer wieder mit dem Apfelsaft ablöschen! Rosmarin entfernen. Kürbiskerne grob hacken und untermischen, mit Salz und Pfeffer abschmecken und Chutney in ein Weckglas füllen.

FLAMMLACHS MIT CAPONATA
am Lagerfeuer

'Sucrine du Berry'

ZUTATEN:
für 4-6 Portionen

Für den Lachs:
1 Seite Lachsfilet
1 Brett
Hammer und Nägel
Gewürzmischung
(aus 1 EL Piment, 1 EL schwarzer Pfeffer, 1 EL Wacholderbeeren, 1 EL rosa „Pfeffer"-Beeren, 1 EL Meersalz, 4 Lorbeerblätter)

Für die Caponata:
2 Auberginen
500 g Kürbisfleisch
2 TL getrocknetes Basilikum
1 rote Zwiebel
2 Knoblauchzehen
1 Bund glatte Petersilie
2 EL Kapern
1 EL grüne, entsteinte Oliven
1 EL schwarze, entsteinte Oliven
2 EL Kräuteressig
5 große Tomaten
2 EL Mandeln oder Pinienkerne
4 EL Olivenöl
Meersalz

Für die Gemüsepfanne:
siehe nächste Seite

ZUBEREITUNG:
Aufwand: mittel

Den frischen oder aufgetauten Lachs auf das Brett nageln und mit der Gewürzmischung bestreuen. Dann eine Nacht oder wenigstens ein paar Stunden trocken marinieren. Das Brett ans Feuer stellen und ca. 30 bis 45 Minuten garen. Ab und zu muss das Brett gewendet werden, um eine gleichmäßige Garung zu erzielen. Hohe, leuchtende Flammern garen am besten durch ihre Strahlungshitze. Für die Caponata Auberginen und Kürbisfleisch in grobe Stücke schneiden, Zwiebeln fein hacken, Knoblauch in dünne Scheiben schneiden, Petersilie fein hacken, Kapern abtropfen lassen, Tomaten grob Würfeln, Mandeln leicht rösten. In einer großen Pfanne Olivenöl erhitzen und die Auberginenstücke bei starker Hitze 4 bis 5 Minuten von allen Seiten anbraten. Dann Zwiebel, Knoblauch, Tomaten, Kürbis und Petersilie dazugeben, schließlich Kapern und Oliven. Essig hinzufügen und noch etwa 15 Minuten köcheln lassen, bis das Gemüse gar ist.

HÄHNCHENBRUST TANDOORI
an saisonaler Gemüsepfanne

alle Kürbissorten

ZUTATEN:
für 4-5 Personen

Für die Hähnchenbrust:

1 kg Hähnchenbrust

20 g Tandooripulver

5 EL Sonnenblumenöl

Für die Gemüsepfanne:

verschiedene Gemüse
(wie Kürbis, Zwiebeln, Möhren, Staudensellerie, Fenchel, Bohnen, Paprika, Kirschtomaten, Weißkohl, Zucchini, Zuckerschoten, etc.)

1 Rosmarinzweig

1 Thymianzweig

1 Knoblauchzehe (nach Geschmack)

1-2 EL Zucker

Salz

Pfeffer

2-4 EL Balsamicoessig

Kürbiskernöl

ZUBEREITUNG:
Aufwand: mittel

Die Hähnchenbrust in breite Streifen schneiden oder ganz lassen. Das Tandooripulver mit dem Öl mischen, das Fleisch darin mindestens eine Stunde besser über Nacht marinieren. Dann das marinierte Fleisch scharf in wenig Öl anbraten, je nach Fleischstückgröße noch ca. 7 bis 10 Minuten braten lassen. Dann im Backofen bei 170 °C nachgaren lassen.

Für die Gemüsepfanne das Gemüse putzen und in mundgerechte Stücke schneiden. Kürbis, Zwiebeln, Möhren, Staudensellerie, Fenchel und Bohnen scharf in Öl anbraten. Mit Zucker bestreuen, karamellisieren lassen, würzen. Dann erst Paprika, Tomaten, Weißkohl und die Kräuter hinzufügen, nur noch kurz umrühren. Mit Balsamicoessig ablöschen, ca. 3 Minuten weiter köcheln lassen bis der Essiggeruch verflogen ist, dann Zuckerschoten und Zucchini zugeben, kurz durchrühren, das Gemüse sollte noch knackig bleiben, ggf. nochmal würzen und servieren.

KLADDKAKA MIT KÜRBIS
schwedischer Schokoladen-Kürbis-Kuchen

'Tetsukabuto'

ZUTATEN:
für 10 Portionen

300 g Butter
10 Eier
500 g Weizenmehl
1 kg Zucker
125 g Kakaopulver
1 Pck. Vanillezucker
3 EL Paniermehl
500 g Kürbisfleisch
6 EL Kürbiskerne

ZUBEREITUNG:
Aufwand: mittel

Den Ofen auf 140 °C vorheizen, ein Backblech mit etwas Butter ausfetten und mit Paniermehl bestreuen. Die Eier zusammen mit dem Zucker schaumig schlagen, dann Kakao, Mehl, Vanillezucker und die geschmolzene Butter unterrühren. Die Hälfte der Kürbiskerne und den geraspelten Kürbis einarbeiten. Den Teig auf das Blech geben, mit Kürbiskernen bestreuen und 30 bis 40 Minuten backen. Der Kuchen darf noch am Holzstäbchen kleben! Daher der Name „kladd", was „klebrig" bedeutet. Am besten schmeckt Kladdkaka warm oder kalt serviert mit Vanillesoße, Eis oder Sahne. Übrigens: Fast jede schwedische Familie hat ihr eigenes Kladdkaka-Rezept und natürlich ist jede eigene Variante die beste, die es gibt.

Eine Gaudi ist es, die Kuchenstückchen auf einer Etagere anzurichten und dann mit Vanillesoße zu übergießen.

DIE SCHÖNSTEN DEKO-IDEEN MIT DEM KÜRBIS

Allein schon eine Ansammlung vor der Tür oder auf dem Hof ist eine Augenweide. Und wenn dann erst die berühmten Kürbisgesichter, -fratzen und -laternen dazukommen, ist Halloween nicht mehr weit. Wer's lieber ländlich-romantisch mag, der arrangiert Kürbisse mit den Herbstpflanzen und Früchten zu farbenfrohen Stillleben.

KÜRBIS SCHNITZEN
Leidenschaft fürs Gruselige

Gutes Werkzeug ist das A und O beim Schnitzen. Deshalb bieten wir für alle Schnitzfans ein eigen produziertes Kürbisschnitzwerkzeug an. Als erstes muss der Kürbis ausgehöhlt werden. Der „Geisterschnodder", wie unsere Schnitzhexe immer sagt und meint damit das Kürbisfleisch mitsamt der Kerne, muss weg. Dazu wird entweder der Bereich, auf dem der Kürbis steht, oder aber das oberste Kopfsegment mit der groben Säge aus dem Schnitzset deckelförmig abgetrennt. Dann kann mit dem Schaber das Fleisch herausgeholt werden. Nun mit dem Anzeichner Augen, Nase, Zähne etc. vorzeichnen. Mit dem groben oder feinen Sägezahnmesser kann dann entlang der Linien das Gesicht herausgeschnitten werden. Aber Vorsicht: Wer weiße Zähne oder Augenpupillen haben möchte, darf nur die Oberfläche wegkratzen, gut ein Zentimeter Fruchtfleisch mit Schale muss stehenbleiben! In die fertige Fratze wird zum Schluss ein Teelicht oder eine Kerze eingestellt, das bei einbrechender Dunkelheit dem Kürbisgesicht die gruselige, zuckende und flackernde Erscheinung verleiht!

Je besser der Kürbis ausgehöhlt ist, also je weniger Fleisch an der stabileren Außenschale verbleibt – ohne dass Stabilität eingebüßt wird, desto länger hält er. An einem vor Sonne und Regen geschützten Ort kann die Kürbisfratze so ein bis zwei Wochen ihr gruselig-dekoratives Unwesen treiben.

Das herausgekratzte Fruchtfleisch kann sehr gut für Kürbissuppen verwendet werden.

Oben: Diese Spinne ist eine Meisterleistung! Wichtig ist, dass die dünnen Spinnenbeine den mittigen Spinnenkorpus mit der übrigen Kürbisschale verbinden, sonst bricht die Figur ab.

Links: So vielseitig können Kürbisgesichter sein! Freundlich, grimmig – der Fantasie sind keine Grenzen gesetzt.

Die kleinen, frechen rundlichen Kürbisgesichter oben zeugen von guten Schnitzkenntnissen. Der Stielansatz dient in diesem Fall jeweils als Nase. Die Augen und der Mund mit Zähnen sind differenziert herausgearbeitet. Die große Fratze unten wurde von unten ausgehöhlt und hat damit eine gute Standfestigkeit.

Mit ornamentreichen oder schlichten Lochmustern lassen sich hübsche Windlichter aus den Zierkürbissen herstellen, die an Tisch und Tafel im abendlichen Dämmerlicht für romantische Beleuchtung sorgen. Besonders schön hier, das leuchtende orangefarbige Innere zu der weißlich-grünen Außenschale.

Oben: Diese birnenförmigen, gelblichen Kürbisse mit der Simpson-Form werden von oben ausgehöhlt, zum Schluss setzt man ihnen wieder den Deckel mit dem dekorativen Stielansatz auf.

Oben rechts: Rundum ornamentreich. Ein stimmungsvolles Windlicht für alle, die es romantisch und weniger halloween-orientiert mögen.

Rechts: Muster lassen sich auch von einem Blatt Papier übertragen. Einfach das Papier mit dem gewünschten Motiv auf die Kürbisoberfläche legen und mit dem Ausstecher die Konturen durchstechend übertragen. Anschließend die Markierungen mit dem Anzeichner nachzeichnen und dann entsprechend ausschnitzen.

Schön sieht es aus, wenn gleich mehrere kleinerer, ähnlich dekorierter Kürbisse die Tafelmitte zieren. Verwendet wurden: Dahlienblüte, Teil vom Hortensien-Blütenstand, einige Hagebutten, bunte Herbstblätter und Stacheldrahtpflanze.

KÜRBIS FLORAL GESCHMÜCKT

Freude am Ländlich-Charmanten

Als raumprägender Blickfang macht sich der ausgehöhlte Kürbis mit der farbenfrohen Floralfüllung gut. Verwendet wurden: Rosen- und Dahlienblüten, Hagebuttenzweige, Teil vom Hortensien-Blütenstand, Mühlenbeckienranken und bunte Herbstblätter.

Besonders die kleinen Zierkürbisse, von denen einige aufgrund ihrer Bitterstoffe nicht in der Küche Verwendung finden, bieten sich für Dekorationen an. Meist haben sie eine kleine, handliche Größe, schöne Oberflächenstrukturen und oft auch abwechslungsreiche und bunte Musterungen. Das macht sie besonders dekorativ!

Oft werden diese von sich aus schon zierenden Kürbisse nur noch stilllebenartig mit anderen schönen Dingen kombiniert: Pflanzen, Blüten, Blättern, Früchten, Kerzen, Zweigen usw. Will man sie direkt mit Floralem dekorieren, muss der Kürbis ausgehöhlt werden. Dazu einen Deckel abschneiden, das Fruchtfleisch mit einem Schaber weitestgehend herauskratzen, gewässerten Blumensteckschaum, den es im Blumengeschäft oder Dekoladen gibt, hineinfügen, Überstehendes abschneiden und dann mit kurz geschnittenen Blüten, Blättern und Zweigen bestecken.

Dekorationen draußen im Freien sind besonders lange haltbar. Hier füllt ein weißer Zierkürbis die eine Hälfte des schlichten Betonkastens, die andere Hälfte der enttopfte Wurzelballen einer Erikapflanze. Unterfüttert wird der Kürbis mit einigen Hopfenranken, deren helles Grün besonders schön zum Erikaviolett sowie dem blauen Hortensien-Blütenstand wirkt.

Immer wieder anders kann so eine hängende Metallschale dekoriert werden. Fest integriert sind die Glashalterungen für die Kerzen. Dann werden einige Zierkürbisse hinzugefügt. Vor allem Triebe von Erika und der Stacheldrahtpflanze, Hagebuttenzweige und Efeuranken sind ideal, weil sie auch im leicht eintrocknenden Zustand noch ihren Zierwert behalten.

Ein weiß gestrichenes Holztablett fasst drei dekorierte Vierkanttöpfe. Diese mit weißer Erika oder Stacheldrahtpflanze befüllen, je einen kleinen, weißen Kürbis auflegen und am Stielansatz jeweils ein farblich passendes Band anknoten.

Menschen, die es modern mögen, oder Designästheten werden sicherlich die weiß-graue Deko-Variante des Kürbisses bevorzugen. Dazu einen schlichten Betonkasten zweidrittel mit Erde füllen, je eine Stacheldraht-, Mühlenbeckien-, Heiligenkraut-, Schneebeeren- und Chinesische Narrenkappenpflanze gegeneinander versetzt einsetzen und in die Zwischenräume sowie auch neben den Kasten einige weiße und gräuliche Kürbisse legen.

Wer ein solch zauberhaftes Landszenario gestalten möchte, braucht eine alte Gartenbank, zumindest aber eine verwitterte Holzbohle. Auch die farbigen Töpfen tragen die Patina der Jahre, die sie scheinbar auf dem Buckel haben. Aber die Blüten und Früchte erstrahlen in der Vielfalt der warmen Rot- und Rosétöne und wetteifern mit dem leuchtenden Kürbisorange um die Wette. Verwendet wurden: Dahlien-, Rosen-, Fetthenne- und Hortensienblüten, dazu Hagebutten, Mühlenbeckienranken, Mahonienlaub und die kleinen, orangen 'Hokkaido'-Kürbisse.

Schick sieht's auch aus, wenn Sie alternativ gebrauchte, Terrakotta-Blumentöpfe sowie eine weiß-grüne Dekoration mit Kürbissen nehmen und dazu weiße und grüne Blüten und Pflanzen dekorieren.

Kleine Kürbisse sind schmucke Teelichthalter. Dazu Stielansatz abschneiden und eine kreisrunde Vertiefung in der Größe der Teelichter einschnitzen und diese einsetzen. Bei der Silbervase flankieren Dahlienblüten, ein Hortensienfruchtstand, Stacheldrahtpflanze und Artischockenblüten zusammen mit Zweigen von Schönfrucht, Zieräpfeln und Efeu die weißen und gelblichen Minizierkürbisse.

Im Zusammenspiel der schönen, farbigen Vasen zu einer Stillleben-dekoration kommen die Zierkürbisse als Teelichterhalter hinzu. Verwendet wurden: Dahlienblüten und Zweige der Schönfrucht mit ihren violett-farbenen Beeren.

HOF LIGGES
KÜRBISSE | KARTOFFELN | DEKORATIONEN

Afferder Straße 1 · 59174 Kamen
T 02307 38896 · F 02307 559616

www.hof-ligges.de

aktiv außergewöhnlich abenteuerlich

Küchenleiter:
Jörg Blankenstein

RUCKSACK REISEN Eventcatering

www.rucksack-eventcatering.de

Extreme Härte, warmes Weiß, klares Design und enorme Formenvielfalt: à table hat seinen festen Platz in der hochwertigen Gastronomie wie auch beim ambitionierten Gastgeber zuhause.

Das à table Sortiment und viele Rezepte von TV-Köchin Cornelia Poletto finden Sie im Web: www.asa-selection.com

À TABLE
FÜR FAMILIE & GUTE FREUNDE

ASA SELECTION GERMANY — simple things are beautiful

thermomix

CLEVER KOCHEN – EINFACH GENIESSEN

Lassen Sie sich in die digitale Welt des Kochens entführen! Mit dem neuen Thermomix® zaubern Sie jeden Tag abwechslungsreiche Gerichte aus frischen Zutaten. Er schafft die Verbindung zwischen Kochbuch und Kochtopf und führt Sie digital durch die Rezepte.

Kochen mit Thermomix: Einfach. Täglich. Frisch.

ENTDECKEN SIE MIT MIR DIE DIGITALE WELT DES KOCHENS:

Ihre Ansprechpartnerin
in Thermomixfragen
Kochstudio Sarah Tautz:
www.lassmichkochen.com
Telefon: 02301 9450614

VORWERK

Fußball- und Leichtathletik-Verband Westfalen e. V.
Bei uns bleiben Sie am Ball!

Weltklasse-Trainingsbedingungen
- Top-Rasenplätze im internationalen Standard
- Modernste Sporthallen
- Regenerationsbereich

Erstklassiger Hotel-Komfort im 4-Sterne-Bereich
- 48 Design-Zimmer mit Flatscreen-Raumteiler
- SportsBar mit Restaurant „Sevilla"
- Internet-Lounge

SportSchule mit Bestnoten
- 18 Einzel- und 20 Twin-Komfort-Zimmer
- 24 Einzel- und 42 Twin-Standard-Zimmer

Hochwertige Sportgastronomie
- Eigene Restaurants
- Zertifizierte, sportlergerechte Ernährung
- Infos zu den Rezepten über Christoph Pech (christoph.pech@flvw.de)

Events & Co.
Was auch immer unsere Küche verlässt, ist aus hochwertigen Zutaten frisch zubereitet. Das bestätigt auch das Institut für Sporternährung in Bad Nauheim. Es beginnt bei zertifizierten Sportlerbuffets bis hin zu individuellen Buffets für Ihre Hochzeit oder Firmenfeier und endet bei Events wie die Weinreise oder der Muttertagsbrunch.

SportCentrum Kamen·Kaiserau
SportSchule · SportHotel · SportCongressCenter

Mehr Infos unter:
www.sportcentrum-kamenkaiserau.de
oder direkt bei Claudia von Agris
E-Mail: claudia.vonagris@flvw.de · Tel.: 02307 371-7777

IMPRESSUM

Herausgeber
BLOOM's GmbH, Ratingen, www.blooms.de

Idee, Konzeption, Styling
Ute Ligges, Kamen, www.hof-ligges.de

Redaktion, Text
Hella Henckel (vwtl.)

Fotos, Styling
Kerstin von Broich, Schwerte
außer Fotolia: Cover und S. 31–45 (pashabo), S. 3, 7–13, 160 (sumikophoto), S. 17–26 (Smileus), S. 31–45, 49–139, 143, 149, 160 (picsfive), S. 48–139 (Harald Biebel), S. 51–139 (kromkrathog), S. 143–156 (Imaster); S. 26 (Jo Dada/www.dada.de); S. 36, 37, 49 (Alexander May/www.bobby-seeds.com)

Grafikdesign
Mandy Schubert

DTP
Bettina Münch, Britta Baschen

Druck
Firmengruppe APPL, aprinta Druck, Wemding

© BLOOM's GmbH
Am Potekamp 6, 40885 Ratingen,
T 02102 9644-0, F 02102 896073,
E-Mail: info@blooms.de, Internet: www.blooms.de

1. Auflage 2015
2. Auflage 2015
3. Auflage 2018

ISBN: 978-3-945429-87-7

Das Werk einschließlich aller seiner Teile ist urheberrechtlich geschützt. Jede Verwertung außerhalb der engen Grenzen des Urheberrechtsgesetzes ist ohne Zustimmung des Verlages unzulässig und strafbar. Das gilt insbesondere für Vervielfältigungen, Übersetzungen, Mikroverfilmungen und die Einspeicherung und Verarbeitung in elektronischen Systemen.

Ich danke allen, die dazu beigetragen haben, dass dieses Buch entstehen konnte:

... **meinem Mann und meinen Kindern,** ohne deren Unterstützung und Mitwirken erst der Kürbishof mit seinen Events zu dem werden konnte, was er nun ist.

... meiner Freundin und Fotografin **Kerstin von Broich,** ohne deren schöne Bilder und die Liebe zu uns und unseren Kürbisevents dieses Buch nicht möglich gewesen wäre.

... **meinen Schwiegereltern und Eltern,** die uns immer bei allen anfallenden Arbeiten tatkräftig und begeistert unterstützen.

... **Sandra Ostermann,** die immer zur Stelle und überall einsetzbar ist.

... Floristmeisterin **Elke Markwort,** die mich bei den floristischen Dekorationen tatkräftig unterstützt hat.

... **Olga Reyes-Busch,** unsere Oberschnitzhexe, die zusammen mit ihrem Hexenteam immer wieder die Teilnehmer unserer Schnitzevents mit ihren Anleitungen und stimmungsvollen Erzählungen begeistern kann.

... **Christiane Antepoth** für das leckere Kürbisbrotrezept, das sie zu jeder Veranstaltung immer wieder backt.

... unserem gesamten **Familien- und Freundeskreis** und allen, die uns auf dem Weg bis heute bei allen Events und der vielen anfallenden Arbeit begleitet haben.

... dem **Verlag BLOOM's GmbH,** durch dessen professionelle Buchgestaltung erst dieses Projekt realisiert werden konnte.

... allen, die die Kochevents um ihre wunderbaren Rezepte bereichert haben:

- Unsere Mütter **Hanna Ligges und Inge Hildebrand** (www.hof-ligges.de)
- **Karl-Heinz Dinkhoff** vom Katharinenhof, Unna (www.riepe.com)
- Die **Landfrauen von 4Ma(h)l:** Margret Bienert, Dortmund (Margret.Bienert@web.de), Sigrid Buschmann, Kamen (westick-buschmann@web.de) und Annette Wortmann, Kamen (Telefon 02307 933264)
- Das **Team von Connie's Diner,** Kamen (www.connies-diner.de)
- **Ullrich Neumann** vom Landgasthaus Schulze Beckinghausen, Kamen (www.schulze-beckinghausen.de)
- **Katja Vogt** vom „Refugio", Unna (www.refugio-unna.de)
- Das **Team vom SportCentrum Kaiserau,** Kamen, mit Christof Pech, Carsten Jaksch-Nink und David Seepe (www.sportcentrum-kamenkaiserau.de)
- Das **Thermomix-Team** mit Sarah Tautz und Birgit Schütter-Wowerus, Holzwickede (www.lassmichkochen.com)
- **Jörg Blankenstein** vom Eventcatering/Rucksack-Reisen, Münster (www.rucksack-reisen.de)